AF637392

KATRIN LUGERBAUER

Immerblühende Beete

Vielseitige und ökologisch wertvolle Pflanzkombinationen für jeden Standort

KATRIN LUGERBAUER

Immerblühende Beete

Vielseitige und ökologisch wertvolle Pflanzkombinationen für jeden Standort

Inhalt

85 Konkrete Beetvorschläge

109 Das Anlegen von Beeten

119 Es wächst ... und dann?

138 Anhang

Vorwort

Pflanzen sind keine geheimnisvollen Wesen. Sie haben schlicht das Pech, nicht mobil zu sein, und haben sich daher an ihre natürlichen Standorte perfekt angepasst. Diese Bedingungen müssen wir auch im Garten bieten, um sie wachsen und blühen zu sehen. Pflanzen aus unterschiedlichen Lebensräumen im Garten zu vereinen ist daher immer eine Suche nach dem passenden Platz. Die Basis eines funktionierenden Gartens liegt darin, diesen zu finden und damit die Bedürfnisse zu erfüllen. Erst wenn man diese Prioritäten verinnerlicht hat, kann man an Gestaltung, Kombination und das Anlegen von Beeten denken. Daher soll dieses Buch nicht nur Anregungen bieten, welche Pflanzen zusammen gut aussehen, sondern auch Erklärungen liefern, wie Sie Standorte erkennen, verbessern und geeignete Pflanzen auswählen können.

Die Bereitschaft, sich mit Pflanzen auseinanderzusetzen und zu akzeptieren, dass manche Vorstellungen einfach nicht verwirklicht werden können, ist der Grundstock für die produktive Arbeit mit Pflanzen. Ich bin überzeugt davon, dass alle Pflanzenbegeisterten erfolgreich gärtnern können, wenn sie bereit sind, sich auf die Pflanzen einzulassen. Dazu gehört neben Geduld und einer großen Portion Interesse auch Kompromissbereitschaft. Diese ist dann nötig, wenn genau die Pflanze, die man gedanklich schon gepflanzt hat, aus verschiedenen Gründen nicht gedeihen würde und eine Alternative gefunden werden muss.

Vor allem aber soll dieses Buch zeigen, wie vielfältig Stauden sind. Egal ob für sonnige Freiflächen, schattige Winkel oder den schmalen Streifen entlang der Einfahrt: Es gibt für jeden Ort passende Stauden, die mit gekonnter Anordnung zu jeder Jahreszeit zieren und über mehrere Jahre hinweg stabile Pflanzengesellschaften bilden.

Ein wesentlicher Teil des Buches widmet sich der Frage, welche Stauden miteinander verwendet werden können, um harmonische Ergebnisse zu erhalten. Da der eigene Geschmack beim Gestalten eine wichtige Rolle spielt, sind Stauden ideal, um kreative Experimente zu wagen und andere Zusammenstellungen zu probieren. Falls etwas schiefgeht, kann problemlos umgepflanzt oder neu angeordnet werden.

Diese seltsamen Namen ...

Wer sich neu mit der Materie befasst, wird überrascht sein von den wissenschaftlichen Bezeichnungen, die alle Pflanzen tragen. Auf den ersten Blick kann dieses System abschreckend wirken, doch beim Eintauchen in die Pflanzenwelt werden Sie rasch bemerken, dass das Wissen um den exakten Namen einer Pflanze Gold wert ist. Das System ist rasch erklärt: Jede Pflanze trägt einen großgeschriebenen Gattungsnamen, wie etwa der Storchschnabel die Bezeichnung *Geranium*. Dahinter folgt der kleingeschriebene Artname. Die vollständige Bezeichnung des Braunen Storchschnabels lautet daher *Geranium phaeum*. Wenn nun ein Gärtner ein besonderes Exemplar dieses Storchschnabels züchtet oder eine Pflanze gefunden wird, die sich deutlich von dieser Art abhebt, so wird ihr ein Sortenname gegeben. Ein Beispiel ist *Geranium phaeum* 'Samobor', der wegen seines dunkelpurpur gezeichneten Laubes als Blattschmuckstaude verwendet wird. Wer Wert auf Blütenfarben und exakte Wuchshöhen legt – was bei der Planung von Staudenbeeten wichtig ist –, sollte daher den gesamten Namen notieren, um in der Gärtnerei auch genau die Pflanze zu erhalten, die ausgesucht wurde. Auch für die Recherche in Büchern oder im Internet ist der exakte Namen hilfreich.

Warum Stauden?

Wer an blühende Beete denkt, dem fällt zuallererst der Begriff »Blumen« ein, obwohl die meisten unserer Gartenpflanzen Stauden sind. Leider wird die Bezeichnung im süddeutschen Raum und auch in Österreich als abwertendes Synonym für Gestrüpp oder Sträucher verwendet, was den Stauden völlig zu Unrecht Popularität verwehrt.

Was sind Stauden?

Botanisch gesehen versteht man unter einer Staude eine Pflanze, die aufgrund unterirdischer Wurzelsysteme oder Knollen, Zwiebeln oder Rhizome in der Lage ist, den Winter zu überleben und mehrere Jahre alt zu werden. Ihre oberirdischen Teile sterbenim Herbst und Winter beinahe vollständig ab, ehe sie im Frühling dann aus der Basis wieder austreibt. Im Gegensatz zu Gehölzen wie Sträuchern und Bäumen, die im Frühling an den im Vorjahr gewachsenen Ästen Blätter und Triebe bilden, wachsen Stauden daher in jeder Vegetationsperiode neu und müssen frische Stängel und Blätter entwickeln.

Stauden können völlig unterschiedlich aussehen. Einige verlieren ihr Laub den Winter über nicht, sie sind wintergrün, was streng genommen der Definition widerspricht, andere bekommen dicke, stabile Stängel; manche sind meterhoch und andere erreichen nur wenige Millimeter Höhe. Diese Vielfältigkeit macht Stauden zu idealen Gartenpflanzen: Während man Einjährige jeden Frühling aussäen muss und Gehölze rasch zu groß werden, sind Pflanzungen mit Stauden pflegeleichter und robuster. Sie sind auch in der Natur in der Überzahl: Alle Frühjahrsblüher und der Großteil aller Pflanzen in Wiesen, Wald und im Gebirge sind Stauden. Da sie an alle Standorte der Erde angepasst sind, ist es möglich, aus dieser Vielfalt zu schöpfen und auch im Garten fast alle Lagen – von praller Sonne über Sumpf bis hin zu tiefem Schatten – mit Stauden zu besiedeln. An Extremstandorten wird die Auswahl naturgemäß kleiner, aber es gibt für jeden Ort Stauden, die Gestaltung ermöglichen.

Vom Rasen zum Staudenbeet

Gärten unterliegen wie alle Bereiche, in denen Menschen ihre Vorlieben ausleben, wechselnden Trends und Moden. Legte noch vor wenigen Jahrzehnten jemand einen Garten

LINKS In den Oudolf-Beeten in Wisley werden Rutenhirse (*Panicum*), Ehrenpreis (*Veronicastrum virginicum*), Duftnessel (Agastache 'Black Adder') und Elfenbeindistel (*Eryngium giganteum*) miteinander verwendet.

an, so mussten darin Koniferen vorkommen, Rasen und häufig Rosenbeete; oft wurden nur rund ums Haus und an den Grundstücksgrenzen entlang Blumen gepflanzt. Die heutige Vielfalt an Stauden war bis vor einigen Jahrzehnten nur wenigen Personen zugänglich, etliche Pflanzen kaum erhältlich. Mit dem Internet und den erleichterten Versandbedingungen ist es kein Problem mehr, internationale Staudenkataloge zu studieren und sich Pflanzen aus der ganzen Welt senden zu lassen.

Gewandelt hat sich auch unser Verständnis von Gärten: Aus dem Streben nach Sauberkeit, Ordnung und Ertrag wurde der Wunsch nach Natürlichkeit und nach einem-individuellen Rückzugsort, der als Ruhepol im Alltag dient und nach eigenen Vorstellungen gestaltet werden kann. Es ist wieder modern, Erde unter den Fingernägeln zu haben und interessierten Besuchern den eigenen Garten zu zeigen. Für diese Vorhaben eignen sich Stauden besonders. Viele entwickeln sich schnell und verhelfen zu raschen Erfolgserlebnissen und sie können bei Bedarf umgepflanzt werden, was bei Gehölzen mit viegrößerer Mühe verbunden ist. Und sie sind preiswert: Aus einem kleinen Töpfchen mit wenigen Stängeln entwickelt sich bei vielen Stauden innerhalb einer Saison ein blütenübersäter Busch, und Beete, die im Frühling angelegt werden, machen schon im Sommer etwas her.

In der aktuellen Staudenverwendung sind es daher weniger riesige Blüten und leuchtende Farben, die uns faszinieren, sondern vielmehr die Vielfalt an Blütenformen und Laubstruktur. Und noch immer werden weltweit neue Pflanzen entdeckt und viele weitere gezüchtet.

Was erwarte ich vom Garten?

Welche Stauden Sie schlussendlich auswählen, hängt davon ab, wie der Garten genutzt werden soll. Am Anfang ist hilfreich, einfach nur zu überlegen, was Sie im Garten oder mit der neu gestalteten Fläche machen möchten. Je nachdem, ob Sie sich gerne im Garten aufhalten und bereit sind, Zeit zu investieren, oder ob Sie eine unkomplizierte und nachhaltige Lösung für Ihren Vorgarten suchen, erfordert das eine ganz unterschiedliche Herangehensweise.

Wer sich gerne in der Natur aufhält, Insekten unterstützen möchte und den eigenen Garten als Lebensraum auch für Tiere betrachtet, wird ihn anders anlegen als jemand, der sich in Taglilien verliebt hat, diese nun sammeln möchte und seinen ganzen Garten auf diese eine Gattung ausrichtet.

Da das vorliegende Buch die Abstimmung von Stauden untereinander zum Thema hat, ist es wichtig, sich darüber klar zu werden, welche Wünsche man sich mit der neuen Pflanzung erfüllen möchte. Ist es wichtig, dass möglichst das ganze Jahr über etwas blüht? Hat man einen Sitzplatz in der Nähe, an dem man abends den Tag ausklingen lässt und wo es nett wäre, wenn nach Sonnenuntergang duftende Stauden wachsen würden? Vielleicht liegt das Beet direkt am Eingang und sollte daher am besten ganzjährig ordentlich aussehen, ohne viel Arbeit zu machen? Erst wenn man sich sicher ist, was man möchte - oder, was in vielen Fällen einfacher ist, was man nicht möchte -, kann man konkret planen, denn erst dann ist es möglich, einzelne Stauden auszuwählen oder auszuschließen.

Stauden sind vielseitige und robuste Pflanzen, was aber auch sie nicht können, ist zaubern. Jede Pflanzung braucht ihre Zeit, um sich entwickeln zu können. Besonders Gräser benötigen häufig mehrere Jahre, um ihre volle Wirkung zu entfalten und manchmal klappt nicht auf Anhieb, was wir uns vorher so schön ausgemalt hatten. Man braucht daher Geduld und Ausdauer, die bei der Anlage eines Beets beginnt, bei der Pflanzung weitergeht und auch dann, wenn alles gut klappt, trotzdem nicht aufhört. Denn sobald ein Beet gut aussieht, muss man Zeit investieren, damit dieser Zustand erhalten bleibt. Bei guter Staudenauswahl sind das oft nur wenige Stunden pro Jahr. Ein Garten ist jedoch immer auch Natur und manchmal taucht Unkraut auf, wo keines sein sollte - in solchen Fällen ist ein längerer Arbeitseinsatz notwendig. Es ist aufgrund der vielen unvorhersehbaren Einflüsse schlicht nicht möglich, eine wirklich ganz sicher funktionierende Pflanzenlösung zu bieten - aber man kann die Frustration auf ein Minimum reduzieren, wenn zumindest die wichtigsten Voraussetzungen beachtet werden.

Ich möchte ein Staudenbeet

Das Geheimnis hinter einem schönen Beet sind die Überlegungen, die zu Beginn getroffen werden. Nur wer mit Standort und Bedingungen vertraut ist, kann geeignete Pflanzen wählen, die dann mit gesundem Wachstum erfreuen.

Nicht alles wächst überall – standortgerechtes Gärtnern

Der erste Schritt auf dem Weg zu einem funktionierenden Garten ist zu akzeptieren, dass Pflanzen Bedürfnisse haben. Sie können nur dann gedeihen, wenn ihre individuellen Ansprüche beachtet und so weit wie möglich erfüllt werden. Es hat daher keinen Sinn, um jeden Preis Pflanzenarten zu wählen, die einem besonders gefallen, für den geplanten Platz aber nicht geignet sind. Eine sonnenhungrige Staude in den Schatten zu pflanzen, nur weil dort etwas mehr Farbe gebraucht wird, würde schnell für Frustration beim Gärtnern sorgen.

Daher liegt der Schlüssel zu einem üppig blühenden Garten in der umsichtigen Pflanzenwahl. Sie können einem Beet ansehen, ob sich die verwendeten Stauden wohlfühlen, denn Pflanzen, die an passenden Plätzen wachsen dürfen, wachsen schneller, sind gesünder und brauchen weniger Pflege. Nicht standortgemäß verwendete Stauden, denen es zu nass, zu trocken, zu dunkel oder zu hell ist, enttäuschen uns und kosten einiges an Zeit, Nerven und nicht zuletzt Geld. Daher sollten Sie für ein Beet in erster Linie Pflanzen mit ähnlichen Standortansprüchen wählen, da es sonst zu einem Ungleichgewicht kommt und die angepassten Pflanzen rasch wachsen, während jene, die mit den Bedingungen nicht klarkommen, überwuchert werden und verschwinden.

Bereiche, an denen unpassende Stauden verwendet werden, die sich nie richtig etablieren können und verschwinden, werden dann oft als »Problemstandorte« bezeichnet.

LINKS Gräser vermitteln Leichtigkeit: Hier ist es die Draht-Schmiele (*Deschampsia cespitosa*), die über den Blüten von weißer Vexiernelke (*Lychnis coronaria* 'Alba'), Sonnenhut (*Echinacea pallida*) und Mannstreu (*Eryngium × zabelii* 'Jos Eijking') schwebt.

Um geeignete Pflanzen für ein Beet aussuchen zu können, muss daher zuerst festgestellt werden, um welchen Standort es sich bei der vorgesehenen Fläche handelt. Es gibt etliche Faktoren, die einen Standort ausmachen, am wichtigsten sind jedoch folgende:

- Licht
- Boden
- Klimazone und Witterung
- Platzbedarf

Sorgfältig abgestimmte Pflanzengemeinschaften reduzieren spätere Eingriffe auf ein Minimum und können als Einheit gepflegt werden. Das gelingt nur, wenn die Pflanzen zueinander passen und ihre Ansprüche erfüllt werden. Wer diese Vorgehensweise verinnerlicht, verringert gleichzeitig Krankheiten, Schädlingsbefall und Ausfälle und kann sich über gesunde, robuste und wüchsige Pflanze freuen. Ignoriert man ihre Bedürfnisse, dann geraten die Pflanzen in Stress, welken und werden anfällig für Fraßfeinde und Infektionen. Sie müssen zusätzlich gegossen werden oder erreichen nicht die erwartete Höhe; oft blühen sie nicht oder verschwinden einfach.

Da Pflanzen am besten wachsen, wenn sie ähnlich wie in ihrem natürlichen Vorkommensgebiet verwendet werden, ist es wichtig, sich zu informieren, an welche Verhältnisse eine Staude gewöhnt ist und woher sie kommt. Viele Pflanzen sind tolerant, was ihre Verwendung anbelangt, und sie können an unterschiedlichen Stellen gedeihen, andere reagieren sehr heikel, was bestimmte Standorte betrifft, und es wäre schade, sie an falschen Orten eingehen zu lassen. Alle diese Informationen können Sie entweder direkt beim

OBEN Zeitig im Frühjahr ziert neben Schneeglöckchenlaub und Gelben Windröschen (*Anemone ranuncoloides*) der Austrieb von Pfingstrosen (*Paeonia mlokosewitschii*).

UNTEN Aufgrund der unterschiedlichen Blütenformen sind Flammenblume (*Phlox paniculata*) und Geißraute (*Galega × hartlandii* 'Alba') ein dankbares Paar im Staudenbeet.

Kauf in der Gärtnerei erfragen, in Büchern oder Katalogen nachschlagen oder auch im Internet recherchieren.

Aussagen zur Pflegeleichtigkeit sind in diesem Zusammenhang immer mit Vorsicht zu genießen. Es gibt zwar diverse Stauden, die tatsächlich wüchsig sind und kaum Probleme mit verschiedenen Böden haben, aber manchmal versteckt sich hinter solchen Versprechen auch die Hoffnung auf ein gutes Geschäft. Davon abgesehen sind Pflanzen Lebewesen und es ist nicht immer leicht herauszufinden, weshalb sie an dem einen Standort wuchern, woanders jedoch kaum zur Blüte gelangen.

Licht

Die Lichtbedürfnisse von Pflanzen sind ganz unterschiedlich und eines der wichtigsten Kriterien für die Standortwahl. Wie viel Licht eine Pflanze braucht, hängt von ihrem angestammten Lebensraum ab. Waldpflanzen wie Funkien haben große Blätter, damit sie möglichst viel vom wenigen Licht abbekommen, das auf den Waldboden fällt. Werden sie zu sonnig gepflanzt, verbrennt das Laub, die Fotosynthese kommt zum Erliegen und sie gehen ein.

Umgekehrt sind Stauden, die auf sonnigen Freiflächen wachsen, speziell dafür ausgerüstet: Viele wachsen niedrig, manche haben als Schutz vor der Sonne silbriges Laub (Lavendel), das oft auch behaart (Salbei) oder besonders fest (Iris) ist. Verwendet man sie an schattigen Orten, vergrünen sie, weil im Dunklen kein Blattschutz mehr notwendig ist. Sie werden dann auch höher, da sie zur Sonne streben, und weil ihre Stängel zu schwach sind, fallen sie schließlich um. Blaue Funkien-Sorten verändern bei falscher Pflanzung sogar ihre Farbe: Die blaue Blattfärbung beruht auf einer Wachsschicht, die von direkter Sonneneinstrahlung geschmolzen wird, und die Funkie erscheint dann glänzend grün (das kann man auch einfach mit warmen Fingern testen).

Pflanzen, deren Lebensbereich der Halbschatten ist, sind in Bezug auf die Lichtsituation toleranter. Letzten Endes darf man die Lichtbedürfnisse nicht zu dogmatisch sehen und sollte ruhig auch den Mut haben, etwas auszuprobieren. Viele Pflanzen sind anpassungsfähiger, als man vermuten würde, und oft tauchen Sämlinge an Stellen auf, die man nicht für passend gehalten hätte. Wer ein Beet neu anlegt, fährt aber auf jeden Fall gut damit, sich über die Ansprüche der verwendeten Pflanzen zu informieren und sie bestmöglich zu erfüllen, da nur so die Erfolgschance einer Pflanzung erhöht werden kann.

Welche Lichtverhältnisse ein Beet aufweist, ermittelt man am einfachsten durch Beobachtung an einem sonnigen Tag, an dem man die ungefähre Dauer der Sonneneinstrahlung und die betreffende Tageszeit notiert. Beachtet werden muss, dass diese Daten je nach Jahreszeit variieren!

Vollsonnig: ganztägig von der Sonne beschienen, daher oft trocken, schattenliebende Pflanzen überleben hier nicht

Sonnig: hell, aber nicht unbedingt durchgehend beschienen, ein vorübergehender Schatten zur Mittagszeit bedeutet keine Einschränkung, Phasen mit Sonnenbestrahlung müssen aber überwiegen

Halbschatten: am schwierigsten einzuschätzen, Sonne zwischen spätem Vormittag und frühem Nachmittag sollte abgehalten oder durch einen Baum gemildert sein, Schatten sollte gegenüber Sonne überwiegen, pralle Sonne ist nur kurz/gar nicht vorhanden

Schatten: weitgehendes Fernbleiben direkter Sonneneinstrahlung, feuchtere Atmosphäre

Vollschatten: hinter hohen Häusern oder unter den Kronen alter, dichter Bäume, eher dunkel, oft auch trocken (wenn Bäume dem Boden Wasser entziehen)

Lichter Schatten: helle Flächen, ohne direkte Sonneneinstrahlung, etwa unter lichten Laubbäumen, einige Sonnenstrahlen erreichen immer den Boden

In vielen Fällen sind die Lichtverhältnisse aber sogar innerhalb einer einzigen Pflanzung unterschiedlich und darauf sollte auch eingegangen werden. Meistens ist an der Reaktion der Pflanzen erkennbar, ob der Standort passt. Gedeihen sie nicht und haben wenig Zuwachs, dann kann Umpflanzen helfen. Das ist besonders dann nötig, wenn sich die Bedingungen überraschend ändern.

LINKS Im Schatten sind helle Farben immer von Vorteil, egal ob panaschiertes Laub wie das von Funkien oder helle Blüten wie hier von Storchschnabel (*Geranium × cantabrigiense* 'Biokovo').

RECHTS Schattenstauden wie Christrosen (*Helleborus orientalis*) und Hohler Lerchensporn (*Corydalis cava*) gedeihen besser, wenn der Boden gemulcht und somit ihrem natürlichen Lebensraum – lichten Laubwäldern – nachempfunden wird.

Wenn ältere Beete nicht mehr so funktionieren wie zu Beginn, Pflanzen instabil wachsen oder ganz verschwinden, ist neben Nährstoffmangel oft mangelndes Licht das Problem. Entweder die Pflanzen beschatten sich gegenseitig zu stark oder Gehölze in der Umgebung schirmen nun mehr Licht ab als früher. Weil man selbst oft im Garten ist, fällt einem das kaum auf. Hier können Fotos aus den Anfangszeiten einer Pflanzung helfen, um Unterschiede festzustellen.

Boden

Eng mit der Lichtsituation verbunden ist die Art des Bodens. Für viele Pflanzen, die Schatten brauchen, gilt: Je feuchter der Boden ist, desto mehr Sonne ertragen sie. Bei sonnenliebenden Pflanzen ist es umgekehrt: Manche brauchen Feuchte, andere wiederum benötigen trockene, durchlässige Böden. Wie aber erkennt man, welchen Boden man hat? Das Thema Boden ist komplex und die Beschaffenheit des Bodens kann in zahlreiche Grade eingeteilt werden. Für die Anlage eines Beets ist es in den meisten Fällen ausreichend, die grundsätzliche Bodenart festzustellen.

Böden bestehen, neben Mineralstoffen und Elementen, aus Sand, Schluff (Feinsand) und Ton – wobei eine Mischung aus diesen drei Bestandteilen als Lehm bezeichnet wird – und haben als oberste Schicht eine Decke aus Humus. Je höher der Anteil an Ton, desto »schwerer« (auch »lehmiger«) ist der Boden – er beinhaltet mehr Nährstoffe, ist aber aufwendiger in der Bearbeitung, weil er dichter ist. Er bröselt beim Graben nicht, sondern kann in Blöcken ausgestochen werden und wird bei Trockenheit so hart, dass man kein Loch mehr graben kann. So wie wir schwerer graben, ist es auch für die Pflanzen schwieriger, in Lehm Wurzeln zu treiben, und sie brauchen länger zum Anwachsen. Dazu erwärmt sich schwerer Boden im Frühling nur allmählich, weshalb das Wachstum langsamer einsetzt.

Wenn ein Boden hingegen viel Sand enthält, ist er lockerer, durchlässiger, leichter zu bearbeiten und gut durchlüftet. Dafür werden aber auch Nährstoffe und Feuchtigkeit weniger lange gespeichert, weil sie in den Untergrund verschwinden, und man muss öfter gießen und düngen. Im Frühling werden leichte Böden schnell erwärmt und tauen rascher auf als Lehmböden.

Möchte man die Bodenbedingungen ändern, kann man mit Zugabe des jeweils geringer vorhandenen Stoffes den Boden verbessern und so verändern, dass er für Pflanzen verträglicher wird. Bei sehr schwerem Boden helfen deshalb Sand und Kompost, bei leichten Böden die Zugabe von Ton und Kompost.

Die wichtigste Komponente für Pflanzenwachstum und die Anlage eines Gartens ist jedoch der Humus, die oberste Schicht des Bodens. Darunter versteht man abgestorbene Teile aus Flora und Fauna, die von Mikroorganismen und größeren, für uns sichtbaren Tieren wie Würmern zersetzt und umgewandelt werden. Jeder gesunde Boden hat als obersten Bestandteil eine wenige Zentimeter bis etliche Dezimeter dicke Humusauflage, die manchmal mehr, manchmal weniger vom darunter liegenden Boden durchsetzt ist. Deshalb kann Humus auch unterschiedlich aussehen. Humus stellt Nähr- und Mineralstoffe für Pflanzen zur Verfügung, er speichert Wasser und ist daher für ein gutes Pflanzenwachstum wichtig.

Es gibt verschiedene Begriffe, die Humus bezeichnen. Die als Gartenmaterial bekannte Komposterde fällt ebenso

LINKS Dunkelblättrige Nachbarpflanzen wie Silberkerzen (*Actaea simplex* 'Brunette') bringen helle Blüten (Astilbe Thunbergii-Hybride 'Prof. van der Wielen') zum Leuchten.

RECHTS Wer auf kalkhaltigen Böden nicht auf Rhododendren verzichten möchte, kann sie, mit saurem Substrat in Töpfe gepflanzt, in Schattenbeete integrieren.

darunter wie Lauberde und den meisten Humusarten gemeinsam sind die dunkle Färbung und der angenehme Geruch. Je mehr Humus in einem Boden vorhanden ist, umso leichter kann er bearbeitet werden und umso besser werden die Pflanzen wachsen - daher ist das Einarbeiten von Humus das effektivste Mittel, um den Boden zu verbessern.

Will man die Bodenart bestimmen, ist es am einfachsten, mit dem Spaten in den Boden zu stechen. Aus lehmigem Boden kann man regelrecht Blöcke ausstechen, die nicht von selbst zerfallen und sehr kompakt sind. Ist die Schnittfläche glänzend und sind kaum feste Bestandteile (Sand, Kies, Steine) sichtbar, dann ist der Tonanteil sehr hoch. In diesem Fall ist es von Vorteil, Humus und Sand einzuarbeiten, um den Boden zu lockern. Was man bei einer einfachen Probegrabung ebenfalls erkennen kann, ist die Dicke der Humusauflage, denn dies ist die erste Schicht, auf die man trifft. Je dicker sie ist, desto besser wird alles wachsen.

Wer eine Fläche bearbeitet, die früher schon kultiviert wurde, hat Glück und der Boden besteht aus einer gesunden Mischung aus Ton, Sand und Humus. In solchen Böden ist keine eindeutige Schichtung erkennbar, sie sind meist dunkel und man findet beim Graben viele Regenwürmer. Gerade beim Hausbau oder bei maschineller Umgestaltung eines Gartens wird der Boden leider oft durcheinandergebracht und tiefer gelegene Schichten kommen oben zu liegen. Hier zahlt es sich unbedingt aus, etwas mehr Zeit und Geld in eine vernünftige Bodenbearbeitung zu investieren, um später nicht vor mickrigen Pflanzen und hartem, schwer bearbeitbarem Boden zu stehen. Durch Baufahrzeuge verdichteter Boden neigt, vor allem wenn er schwer ist, zu

Staunässe. Das bedeutet, dass sich im Untergrund Tonanteile so sehr verdichten, dass Niederschlag nur sehr langsam versickern kann. Viele Pflanzen können mit dauerhafter Nässe an den Wurzeln nicht überleben. Da es im Winter besonders oft zu unbemerkter Staunässe kommt (auch durch Frost kann Boden »wasserdicht« werden), werden dadurch entstehende Ausfälle von Stauden oft als mangelnde Winterhärte interpretiert. Dabei ist Frost alleine für viele Pflanzen kein Problem. Schwierig wird es für sie erst, wenn feuchte Böden und damit die Wurzeln der Pflanzen im Winter mehrmals frieren und wieder auftauen – wie es an staunassen Stellen der Fall sein kann. Deshalb sind lange Regenabschnitte im Winter, gefolgt von Frost, für den Garten immer gefährlich.

Hat man schweren, verdichteten Boden, so kann man bei empfindlichen Pflanzen eine Schaufel Sand oder Kies mit ins Pflanzloch geben oder sollte sie nicht an den tiefsten Stellen des Gartens pflanzen, wo Staunässe am wahrscheinlichsten ist.

Eine weitere Eigenschaft, die jeden Boden charakterisiert, ist der pH-Wert. Er gibt an, ob ein Boden sauer oder basisch ist. In den allermeisten Fällen befinden sich Böden im neutralen Bereich, der zwischen pH 5 und 7,5 liegt, und Pflanzen ist die Aufnahme von Nährstoffen problemlos möglich; in diesem Fall muss man nicht weiter über diesen Punkt nachdenken. Je nach Untergrund kann ein Boden jedoch mehr Kalk aufweisen (= höherer pH-Wert) und manche Pflanzen, die sauren Boden (niedriger pH-Wert) benötigen, wachsen schwächer, bekommen gelbe Blätter oder gehen sogar ein. Bekannte Pflanzen, die saure Böden benötigen, sind Heidelbeeren und Rhododendren, aber auch Hortensien, die blau blühen sollen, brauchen einen niedrigen pH-Wert: Ist der Boden zu kalkhaltig, blühen sie rosa. Für die Anlage eines Staudenbeetes ist das Wissen um den pH-Wert des Bodens nicht unbedingt notwendig, falls jedoch einzelne Pflanzen nicht gedeihen sollten, kann hier der Grund gefunden werden. Möchte man Pflanzen, die anderen Boden benötigen, trotzdem haben, dann kann die Haltung in Töpfen mit der passenden Erde die einfachste Lösung sein.

Wer im Garten mehrere Beete anlegt wird überrascht sein, wie unterschiedlich die Bodenbeschaffenheit selbst auf kleinstem Raum und innerhalb weniger Meter sein kann. Das ist nicht ungewöhnlich und in vielen Fällen ein willkommener Grund, unterschiedliche Themenbeete auszuprobieren. Oft sind die Senken von Gärten feuchter, aber auch die frühere Nutzung von Grundstücken spielt eine Rolle und sollte mit einbezogen werden: So wird man eine trockene Fläche in der Sonne oder mit Schutt im Untergrund leichter als Kiesbeet anlegen können als dort Sumpfpflanzen anzusiedeln.

BODEN

Ton: ist wasserundurchlässig und formbar, je mehr Lehm enthalten ist, desto »schwerer« ist der Boden, was die Bearbeitung anstrengender macht **Sand:** durchlässig mit geringer Wasserspeicherfähigkeit, leicht zu bearbeiten, Nährstoffe werden leicht ausgewaschen **Lehm:** besteht aus Ton und feinem Sand bzw. Kies, speichert Wasser und ist nährstoffreich, je höher der Tonanteil, desto schwerer zu bearbeiten, Pflanzen haben Probleme mit der Wurzelbildung, wird bei Trockenheit hart, bei Niederschlag kann es zu Staunässe kommen **Humus:** besteht aus abgestorbenen Pflanzenteilen, wird von Mikroorganismen umgewandelt und für Pflanzen in Form von Nährstoffen verfügbar gemacht (Kompost, Lauberde) **schwerer Boden:** Tonanteile überwiegen, »Lehmboden«, Umgraben ist Schwerarbeit **leichter Boden:** sandige Bestandteile überwiegen, die Bearbeitung geht leicht **Staunässe**: sehr lehmige, feste Böden lassen Wasser oft nur langsam abfließen – besonders im Winter ist das für viele Pflanzen ein großes Problem (Hilfe: Drainage, Kies ins Pflanzloch) **verdichteter Boden:** jeder Boden mit Lehmanteil kann durch Bauarbeiten oder landwirtschaftliche Bearbeitung so sehr zusammengedrückt werden, dass Pflanzen nur sehr schwer einwurzeln können (Hilfe: auflockern, Humus einarbeiten)

Klimazone und Witterung

Eng mit der Art des Bodens verbunden ist die Feuchtigkeitsversorgung eines Gartens, die nicht nur vom Anteil an Lehm und Sand bestimmt wird, sondern auch von der geografischen Lage eines Gartens.

Wichtig für einen Garten ist der Niederschlag, der je nach Region sehr unterschiedlich ausfallen kann. Der Jahresdurchschnitt bewegt sich alleine in Deutschland zwischen 400 mm im Thüringer Becken und an der nordöstlichen Grenze zu Polen und mehr als 1400 mm im Süden Bayerns, im Schwarzwald, im Bayerischen Wald und im Erzgebirge. Dazu kommen regionale Schwankungen und im Sommerhalbjahr örtliche Niederschlagsereignisse, da Gewitter häufig nur in einzelnen Landstrichen für Regen sorgen, während es wenige Kilometer daneben trocken bleibt. Daher ist es bei der Anlage eines Gartens von Interesse, über die durchschnittliche Jahresniederschlagsmenge Bescheid zu wissen. Informieren kann man sich mithilfe von Niederschlagskarten und Wetterstationen im Internet, die neben den Regenmengen auch Höchst- und Tiefsttemperaturen aufzeichnen.

Findet man heraus, dass man in einer trockenen Region lebt und über leichten, sandigen Boden verfügt, kann man in der Planung auf eventuelle Dürreperioden eingehen, großblättrige Stauden wie Rodgersien schattiger oder in der Nähe von Wasserzugängen pflanzen (damit leichter gegossen werden kann) oder generell auf sie verzichten. Solche Überlegungen können Ärger und Geld sparen. Hilfreich kann es auch sein, in Nachbargärten auf den Bewuchs zu achten oder nachzufragen, welche Erfahrungen bisher gemacht wurden.

Weitere wichtige Faktoren für eine Gartenanlage sind die Tiefsttemperaturen im Winter und die Spätfrostgefahr im Frühjahr. Hier gibt es einerseits Klimakarten, an denen man sich orientieren kann, und andererseits regionale Erfahrungswerte. Wer in einer Senke gärtnert, in der sich im Mai oft noch die kalte Luft sammelt, sollte diesen Umstand bei der Planung berücksichtigen, um sich nicht jeden Frühling aufs Neue über erfrorene Pflanzen ärgern zu müssen. Das Gleiche gilt für typische Windrichtungen,

OBEN Tulpen können ohne Probleme in bestehende Staudenbeete eingefügt werden, da sie so früh im Jahr erscheinen, dass es zu keinen Platzproblemen kommt.

MITTE Der Trichterfarn (*Matteuccia struthiopteris*) treibt zahlreiche Ausläufer, weshalb er nur zusammen mit robusten Partnern und bei genügend Platz verwendet werden sollte.

UNTEN Storchschnäbel (*Geranium* 'Orion') wachsen mit ihren langen Blütenstängeln in Nachbarpflanzen, was interessante Kombinationen ergibt.

winterliche Schneeverhältnisse und alle anderen Witterungserscheinungen, an die man bei der Planung an einem sonnigen Frühlingstag vielleicht nicht denken würde.

Platzbedarf

Die Frage, wie viel Platz eine Pflanze benötigt und wie viel man ihr zugestehen muss, damit sie gedeiht, ist ein wichtiger Aspekt guter Planung. Pflanzengesellschaften – und nichts anderes sind Staudenbeete – entwickeln sich immer dann am besten, wenn Pflanzen mit ähnlicher Wuchskraft kombiniert werden. Nur dann haben alle Pflanzen genug Licht, Nährstoffe und Ausbreitungsmöglichkeit, um längerfristig überleben zu können. Natürlich muss man sich im Garten nicht immer streng daran halten; das ginge auch gar nicht, aber je mehr man von diesem Gleichgewicht abweicht, desto mehr Arbeit hat man später mit Rückschnitt, Teilung und Erhaltung.

Es ist daher sinnvoll, sich mit den erreichbaren Wuchshöhen und Endgrößen der Wunschpflanzen auseinanderzusetzen und zu überlegen, ob diese auch wirklich an dieser Stelle verwendet werden können. Pflanzen wachsen nur dann, wenn sie Raum zur Entwicklung haben. Beschatten sich sonnenliebende Pflanzen aufgrund zu enger Pflanzung gegenseitig, gewinnt die kräftigere Pflanze und die andere verschwindet – oft innerhalb einer Saison. Es macht dabei auch einen Unterschied, an welchen Standorten Pflanzen am Naturstandort vorkommen. Pflanzen aus Wiesen und Wäldern gehen mit bedrängten Standplätzen naturgemäß besser um als Besiedler von Freiflächen, wie es sonnenliebende, niedrige Stauden oft sind. Seriöse Pflanzenbetriebe weisen auf die Eigenschaften einer Pflanze hin und auch in vielen Katalogen sind Platzbedarf, Höhe und Breite einer Pflanze vermerkt.

In welchem Stil lege ich mein Beet an?

Sobald man sich mit den Gegebenheiten vertraut gemacht hat und weiß, für welche Art von Standort man nun Pflanzen sucht, ist es notwendig, sich über seine eigenen Wünsche und Erwartungen klar zu werden. Hilfreich kann sein, sich zu überlegen, welchen Zweck das Beet haben soll, denn es ist ein großer Unterschied, ob man einen geordneten, zu möglichst jeder Jahreszeit schönen Vorgarten möchte, eine Sammlung von Großstauden anlegen will oder ein naturnahes Beet mit möglichst hohem Nutzen für Insekten und Schmetterlinge plant. Je nach Belieben wird man völlig andere Stauden auswählen, sie unterschiedlich anordnen und auf ganz gegensätzliche Eigenschaften achten.

Vorab: Es ist es nicht notwendig, seinen Stil wortwörtlich definieren zu können, aber es schadet nicht, sich gerade am Beginn einer Planung zu überlegen, ob man formale oder naturnahe, bunte oder farblich abgestimmte, strenge oder überbordende Pflanzungen bevorzugt. Denn je nachdem, welche Pflanzen man auswählt, entscheidet man damit auch über den Pflegeaufwand. So ist es einfacher, schwachwüchsige Pflanzen zu einem geordneten Ganzen zu kombinieren, als das mit wuchernden, hohen und schwer zu bändigen Pflanzen zu versuchen, die für ein akkurates Aussehen mehrfachen Rückschnitt benötigen und ab Juli viel zu unordentlich wirken, um sie noch bis zum Ende des Jahres betrachten zu wollen. Solche Stauden sind in engem Verband in einer naturhaften Pflanzung viel besser aufgehoben, wo sich mehrere Pflanzen mit diesem Wuchscharakter zu einem Teppich verweben und ein optisch ansprechendes Ganzes ergeben.

LINKS Lässt man in einem Beet Aussaat zu, wird es sich von Jahr zu Jahr ändern und manchmal mit eigenwilligen Kombinationen – wie hier rosa Bartnelken (*Dianthus barbatus*) zu Färberkamille (*Anthemis tinctoria*) – überraschen.

Wer sich mit Gartenstilen auseinandersetzt, wird bald bemerken, dass es kaum einheitliche Aufstellungen gibt, was in welchem Stil üblich ist und wie viele unterschiedliche Bezeichnungen für ganz ähnliche Gärten im Umlauf sind. Dazu kommen zahlreiche neue Begriffe, deren exakte Bedeutung oft auch in Fachkreisen kontrovers diskutiert wird. Egal ob Naturgarten, englischer Garten, Bauerngarten, Steingarten, Staudengarten, Nutzgarten oder romantischer Garten, es ist immer eine Frage der Interpretation, welche Elemente für welche Gestaltungsrichtung als passend oder ungeeignet erscheinen. Ist ein englischer Staudengarten, der ohne chemische Hilfsmittel auskommt und in dem bevorzugt Bienenfutterpflanzen gepflanzt werden, nicht genauso ein Naturgarten wie eine Anlage, in der Gemüse und Stauden, geteilt durch Buchshecken, biologisch bewirtschaftet werden? Und ist es nicht vermessen, etwas so Vielfältiges wie die Gartenkultur in England unter dem Begriff »englischer Garten« als Synonym für sorgsam komponierte Staudenbeete zu verwenden? Ich werde mich daher darauf beschränken, die unterschiedliche Pflanzenauswahl und die dafür ausschlaggebenden Gründe in den Grundbereichen »formal« und »nicht formal« zu erklären.

Formale Beete

Formale Gärten zeichnen sich durch die Anwendung klarer, geometrischer Formen aus. Dazu gehören rechteckige oder runde Beete mit einheitlichen Einfassungselementen und oft werden Durchgänge oder andere Stellen, die sich dafür anbieten, symmetrisch gestaltet. Wichtige Elemente sind zudem die Verwendung gleicher Materialien für Wege und Sitzplätze und das Vorhandensein von Hecken-

OBEN Schwertlilien (*Iris germanica*), Katzenminzen (*Nepeta*), Strandflieder (*Limonium vulgare*), Salbei (*Salvia multicaulis*) und Heide-Nelke (*Dianthus deltoides*) bilden eine gute Gemeinschaft für sonnige, trockene Freiflächen.

UNTEN Wie eine Trockenwiese präsentiert sich dieses Beet mit Ziest (*Stachys monnieri* 'Spitzweg'), Salbei (*Salvia nemorosa*) und Kugelköpfigem Lauch (*Allium sphaerocephalon*) in der Gärtnerei Gaißmayer.

schnittpflanzen wie Buchs, der oft auch als Einfassung genutzt wird. Häufig wird die klare, eindeutige Form mit ähnlicher, sich wiederholender Bepflanzung unterstrichen, die oft in einheitlicher Farbe gehalten ist. Besonders Vorgärten oder generell kleine Gärten wirken mit formaler Bepflanzung größer und die Ordnung, oft in Verbindung mit klar abgetrennten Rasenflächen, lässt das Auge ruhen; der Blick wird auf wenige, sorgsam gesetzte Akzente gesetzt. Das können schöne Gehölze, ein Wasserspiel, eine einzelne Funkie in einem Topf oder eine Figur auf einem Stein, aber auch eine besonders schöne Pflanzenkombination sein. Stauden spielen in formalen Gärten nicht zwingend die tragende Rolle, da diese meist von den strukturbildenden Gehölzen übernommen wird, können aber zu wesentlichen Akteuren werden, da sie oft als Einzige Farbe ins Spiel bringen.

Streng formale Gärten wie im Barock üblich findet man heute im privaten Bereich nur mehr selten; viel öfter wird die Formalität dazu genützt, Kontrast zu einer blütenreichen und üppigen Bepflanzung aufzubauen, ein Konzept, dessen Erfolg in der Beliebtheit der Bauern- und Landhausgärten zum Ausdruck kommt. So werden formale Elemente wie Buchshecken oder geradlinige Beetabschlüsse verwendet, um besonders üppige, naturnahe Beete optisch im Zaum zu halten, und es ist daher kein Widerspruch, formale Gestaltung mit naturnaher und staudenreicher Bepflanzung zu verbinden.

Wer es hingegen geordnet möchte, wird Pflanzen wählen, die diesem Bild entsprechen und die möglichst das ganze Jahr über ihre Form behalten und den ruhigen Eindruck einer geometrischen Anlage nicht stören. In Vorgärten werden, je nach Lichtverhältnissen, oft Funkien, Farne, Hortensien oder auch Gräser oder Bodendecker verwendet. Da Buchs als Einfassungspflanze in den letzten Jahren durch Schädlinge und Pilze in Gefahr geraten ist, kann durchaus darüber nachgedacht werden, Stauden mit ansprechendem Wuchs als Einfassungspflanzen einzusetzen. Diesbezüglich ist noch kein Trend erkennbar, aber es spricht in meinen Augen nichts dagegen, Wollziest, *Geranium macrorrhizum* oder kleinblättrige Funkien als Einfassungspflanzen zu verwenden; mit Lavendel und Schnittlauch wird dies schon länger erfolgreich praktiziert.

Lockere Beete und nichtformale Gärten

Gärten, in denen es keine formalen Elemente gibt, sind deshalb nicht etwa chaotisch, sondern hauptsächlich von fließenden Formen bestimmt. Es wird versucht, Ecken und Kanten zu vermeiden und auch die Pflanzungen harmonisch und aufeinander abgestimmt zu gestalten. Die für eine gelungene Gestaltung benötigte Ruhe wird dabei über die Wiederholung von Farben und Formen entwickelt. Es ist nur logisch, dass bei solchen Konzepten die Verwendung von Stauden besonders gut geeignet ist, da diese ineinanderwachsen, Farben verbinden und das Jahr über stets ihr Aussehen verändern. So kann mit Stauden im Frühling ein anderer Farbschwerpunkt gewählt werden als im Sommer und es erfolgt keine Beschränkung auf eine immer gleichförmige Erscheinung.

Auf die Genauigkeit einer Planung und deren Ausführung hat es keinen Einfluss, ob ein Garten formal oder nicht formal angelegt wird. Es ist bei nichtformalen Gärten jedoch anspruchsvoll, die Balance zwischen Unruhe und Langeweile zu finden, da die Form eines Beets als Gestaltungselement wegfällt. Kontraste und Effekte müssen daher alleine durch die Bepflanzung bewältigt und auch wieder ausgeglichen werden. Damit es dabei nicht zu Monotonie kommt oder die schönsten Pflanzen in buntem Gewusel untergehen, ist eine gute Kenntnis der verwendeten Pflanzen wichtig. Darüber hinaus ist Vorsicht geboten, was die große Auswahl an Stauden angeht. Wer Pflanzen mag und gerne sammelt, neigt häufig zur Verwendung zu vieler verschiedener Arten und Sorten, wodurch Wirkung und Effekt der einzelnen Pflanzen verloren gehen können. Am besten nimmt man sich daher die Natur zum Vorbild und pflanzt in Gruppen, die sich unregelmäßig wiederholen. Besonders ungezwungen wirkt es, wenn die Stauden in länglichen Gruppen, sogenannten Drifts, angeordnet werden. Auf diese Weise entstehen zahlreiche Berührungspunkte und Kombinationen mit Nachbarpflanzen - genauso, wie das auch in einer Wiese der Fall ist.

Die Auswahl der Stauden

Für unsere Gärten steht uns eine überwältigende Vielfalt an Stauden zur Verfügung. Um die richtigen auszuwählen, muss man ein Beet als Ganzes betrachten und die einzelnen Pflanzen in Farbe und Form aufeinander abstimmen.

Planung

Sobald man sich über die Lage des neuen Beets im Klaren ist, geht es an die Auswahl der Stauden. Wie man bei diesem Schritt vorgeht, ist Geschmackssache und auch davonabhängig, ob man bereits vorhandene Pflanzen, Grundstrukturen oder Rahmenbedingungen, wie Verbindungswege oder Zugänge zum Haus, in die Planung integrieren muss oder ganz neu anfängt.

Es ist auf jeden Fall hilfreich, auf Papier eine grobe Skizze des Beets zu zeichnen, um sich deutlicher zu machen, welche Fixpunkte bereits vorhanden sind. Dazu gehören Bäume, Hecken, Bauwerke und Wege, aber auch Blickachsen, die Sie frei halten wollen, oder Ausblicke in die Landschaft, die Sie erhalten möchten. Wichtig ist auch die Frage, ob das Beet eine Hauptausrichtung haben wird. Gibt es eine Seite, von der Sie es am häufigsten betrachten werden? Das kann die Terrasse, das Küchenfenster, die Straße, die Zufahrt oder ein häufig frequentierter Sitzplatz sein. Werden Sie die Pflanzung vielleicht sogar von mehreren Seiten sehen können? Dann müssen Sie diese in alle Richtungen sorgfältig planen.

Die Kleinen nach vorne – Höhenstaffelung

Wenn sich an der Rückseite des geplanten Beets eine Hecke, eine Mauer oder ein Gebäude befindet, ist es sinnvoll, die Pflanzung der Höhe nach zu staffeln. Das bedeutet, man pflanzt die höchsten Stauden nach hinten und wählt nach vorne hin immer niedrigere Pflanzen. Diese Vorgehensweise hat viele Vorteile: Die Pflanzen stützen sich gegenseitig, man sieht keine nackten Stängel von höheren Stauden und die Pflanzung wird dichter, wodurch man leichter Stauden kombinieren und verbinden kann. Gleichzeitig ist es notwendig, sich über das Wuchsverhalten der ausgewählten Pflanzen genau zu informieren: Wie hoch werden sie und wie breit, wie eng können sie stehen und wie viel Licht benötigen sie? Denn niedrige Pflanzen, die versehentlich in die letzte Reihe geraten, werden sich dort nicht entwickeln können.

Die Anordnung der Stauden nach ihrer Höhe ist ein bekanntes Gestaltungsprinzip. Spannend werden Beete aber erst dann, wenn einzelne Stauden die Ordnung unterbrechen und über niedrigeren Pflanzen schweben. Dieser Trick belebt Beete und wirkt nur, wenn man sich auf wenige »Ausreißer« beschränkt und keine zu wuchtigen Arten nimmt, die das Gestaltungsprinzip zerstören und zu viele Stauden dahinter verdecken würden. Klassisch ist die Verwendung von Zier-Lauch (*Allium*), dessen prächtige Kugeln mit weitem Abstand über den anderen Stauden schweben. Auch Gräser eignen sich, ihre federleichten Rispen weit über ein Beet hinauszustrecken.

LINKS Verschiedene Blütenformen lassen dieses Beet spannend erscheinen (*Agastache foeniculum, Thalictrum lucidum, Melica ciliata, Eryngium planum, Scabiosa columbaria*)

Mut zur Insel!

Staudenbeete wirken in der Fläche besonders schön. Leider ist in Privatgärten der Platz oft begrenzt oder Interessen kollidieren: So muss neben den Stauden auch noch Platz für Gemüse, Rasen und Gehölze bleiben. Trotzdem zahlt es sich aus, neben den üblichen Beeten vor Hecken, entlang von Grenzen und rund um Bäume Neues auszuprobieren.

Eine besonders ansprechende Form für Staudenbeete ist die Insel, die inmitten einer Rasenfläche liegt oder von Wegen umschlossen wird. Beim Einplanen der Pflanzen muss berücksichtigt werden, dass das Beet von allen Seiten betrachtet werden kann. Es sollte daher in alle Richtungen

schön aussehen und idealerweise eine Höhenstaffelung aufweisen, die nach außen hin abfällt. Bei länglichen Beeten können auch mehrere Gruppen von höheren Stauden, angeordnet in unregelmäßigen Abständen, die Natürlichkeit einer Pflanzung unterstreichen.

Auf diese Weise können flache Gärten alleine mit Stauden auch in die Höhe modelliert werden und gewinnen dadurch an Räumlichkeit. Bei gelungener Bepflanzung wirken Inselbeete wie kleine Hügel und verdecken an ihrer höchsten Stelle den dahinter liegenden Gartenteil. Dadurch wird das Interesse des Betrachters geweckt, er möchte rund um die Insel herumgehen und entdecken, was sich dahinter verbirgt. Inselbeete könnten daher wie Raumteiler eingesetzt werden und eignen sich gerade für kleine und schmale Gärten, die ansonsten leicht überblickt werden.

Bei einem Inselbeet müssen Sie eine Ausrichtung nach allen Himmelsrichtungen planen. Je nachdem, ob Pflanzen eher Sonne oder Halbschatten mögen, können sie an die Sonnenseite oder die schattige Seite des Beets gesetzt werden, denn die höheren Stauden in der Mitte werfen nach Norden hin einen nicht zu vernachlässigenden Schatten. So ist es bei der Verwendung hoher Stauden oder Sträuchern möglich, auch ohne Schatten von Bäumen oder Häusern Schattenpflanzen zu verwenden, die Mittagssonne nicht mögen. Auf diese Weise erhöht sich die Zahl an Standorten im Garten und es können mehr Gestaltungsideen ausprobiert werden als in einem großen Beet, bei dem man sich für ein einziges Thema entscheiden müsste. Wenn man Formen oder Farben als Verbindungselement wählt, können so zwischen den außen liegenden Beeten und den frei gestellten Inseln bewusst Verbindungen hergestellt oder Kontraste aufgebaut werden.

Flächige Pflanzungen

Wer Wert auf einheitliche, wiesenartige Beete legt, wird ähnlich hohe Stauden verwenden und in zufälligen Abständen höhere Akzente setzen. Solche Pflanzungen sind der Natur nachempfunden, wirken besonders dann, wenn es sich um größere Flächen handelt, mit denen man nicht den Blick wie bei den Inselbeeten fangen und festhalten möchte, sondern in die Weite oder auf etwas dahinter leiten will. Wie bei einer echten Wiese sollte man sich auf einige wenige Arten beschränken und diese unregelmäßig wiederholen.

Manchmal werden Stauden, die für den Standort passen, auch einfach gemischt ausgepflanzt und bilden mit der Zeit einen Teppich, der an Staudenfluren in der Natur erinnert. Solche Beete wirken meistens, analog zu solchen Flächen in der Natur, nur in angemessener Größe gut. In kleinen Gärten ähneln solche Beete schnell einem unordentlichen Durcheinander.

Ruhe in der Gestaltung

Anders ist die Vorgehensweise bei der Gestaltung von Vorgärten. Diese werden häufig als ruhige Flächen angelegt und sollen in den meisten Fällen das Haus nicht völlig verstecken, sondern auf den Eingang hinführen. Auch bei Beeten, die am Beginn eines Gartens liegen, ist es besser, wenn die Bepflanzung den Blick nicht vollständig absperrt. Kleine Ausblicke in den Rest des Gartens machen eine Bepflanzung spannend und in solchen Fällen ist einer flächigen Bepflanzung der Vorzug zu geben.

Egal welche Funktion das Beet erfüllen soll, Sie werden eine Liste mit Pflanzen anlegen, die Sie unbedingt verwenden möchten, oder Sie haben Lieblingspflanzen, die in diesem Beet die Hauptrolle spielen sollen. Am einfachsten ist es, alle Pflanzen aufzuschreiben, die Ihnen einfallen und für den Standort passend sind. Danach tragen Sie diese in den Plan ein. Es kann hilfreich sein, dazu farblich passende Stifte zu verwenden und neben den Pflanzen zu notieren, wann sie blühen. So merkt man schnell, in welchen Monaten noch Blühflaute herrscht, und kann entsprechende Pflanzen einfügen.

Wie viele und welche Stauden nehme ich?

Auch wenn es viele Pflanzen gibt, die in Ihr Beet passen würden – es ist für die Gestaltung besser, sich auf einige Arten zu beschränken, die dafür in größeren Gruppen verwendet werden. Das liegt daran, dass wir Beete, in denen sich Farben und Formen wiederholen, harmonischer empfinden als Pflanzungen, in denen es wild durcheinanderblüht. Harmonie kann daher bewusst herbeigeführt werden, indem Sie sich auf bestimmte Farben oder Farbthemen festlegen.

Innerhalb dieses Schemas suchen Sie sich dann Stauden aus, die zu verschiedenen Jahreszeiten blühen und unterschiedliche Wuchshöhen und -formen bieten. Angeordnet am Plan, setzt man immer mehrere Exemplare einer Art zusammen und bildet so Gruppen. Am besten wirken unregelmäßige Zahlen, also drei oder fünf Gruppen, die verschiedene Abstände zueinander haben.

LINKS Die Grafik zeigt, wie Beete angelegt werden können, um harmonisch zueinander zu passen und den vorhandenen Raum vielfältig zu nützen. Weil sie Blickachsen unterbrechen, helfen Inselbeete beim Erschaffen von Raumwirkung.

RECHTS An feuchteren Stellen bringt die Bach-Nelkenwurz (*Geum rivale*) zusammen mit Sumpf-Schwertlilie (*Iris pseudacorus*) und Gold-Wolfsmilch (*Euphorbia polychroma*) schon im April Farbe ins Beet.

Anordnung nach Wirkung und Funktion – Beetstruktur

Staudenbeete wirken besonders dann harmonisch, wenn sie das richtige Verhältnis zwischen hohen und niedrigen sowie zarten und monumentalen Stauden aufweisen. Neben den Farben von Blüten und Blättern ist es der Wuchs an sich, der für die Eignung einer Staude in einer Pflanzung entscheidend ist. Die Form der Pflanzen - ihr Wuchs, auch Habitus genannt - und die Gestalt ihrer Blüten und Blätter ist für den Aufbau von Spannung und Kontrast wesentlich.

Um die erwünschten Effekte zu erzielen, können Sie unterschiedlich vorgehen. Hilfreich ist in jedem Fall die schon erwähnte Liste, auf der alle Pflanzen gesammelt werden, die für das Beet infrage kommen. Indem man schon bei diesem Schritt auf die Standorteignungen der Pflanzen achtet, wird eine Vorauswahl getroffen und das Ergebnis ist eine Aufstellung aller geeigneten Stauden.

Es ist dabei völlig unerheblich, ob Sie ein kleines oder großes Beet planen! Besonders bei kleinen Anlagen mit nur wenigen Quadratmetern oder geringer Tiefe ist es wichtig, die wenigen Pflanzen, die gesetzt werden können, gut aufeinander abzustimmen. Wählt man sie sorgfältig aus, kann man sich vom Frühling bis zum Winter an einer gelungenen Zusammenstellung erfreuen. Bei großen Beeten geht es leichter, Planungsfehler oder auftauchende Lücken mit Zwiebelpflanzen oder weiteren Pflanzen aufzufüllen oder Stauden auszutauschen.

LINKS Kerzenförmige Blütenstände wie hier von Duftnesseln (*Agastache*) bilden im Zusammenspiel mit der Kugeldistel (*Echinops ritro*) ein spannungsgeladenes Motiv.

RECHTS Geißrauten (*Galega × hartlandii*) blühen im Frühsommer und können im Vorder- oder Mittelgrund von Beeten als Gerüstpflanzen eingesetzt werden.

Leitstauden und Begleitstauden

Nachdem eine grobe Liste mit Wunschpflanzen entstanden ist, geht es ans Anordnen der Pflanzen. Nun entsteht die grundlegende Struktur, in der das Beet angelegt werden soll. Bei diesem Schritt kann es helfen, die Stauden in zwei Kategorien einzuteilen, die jeweils die Wirkung innerhalb der Pflanzung beschreiben:

- Leitstauden
- Begleitstauden

Leitstauden

Darunter versteht man jene Pflanzen, die in der Pflanzung den Ton angeben. Das sind meist monumentale, hohe Pflanzen, die große Blüten tragen und einen markanten Wuchs aufweisen oder einen großen Busch bilden, der mit einer leuchtenden Fülle an Blüten besetzt ist. Bei Blattschmuckstauden sind es die Größe und Form der Blätter, die eine Leitstaude auszeichnen. Wichtig ist, dass Leitstauden eine Pflanzung tragen und die anderen Stauden ihnen untergeordnet sind. Meistens wählt man daher Pflanzen, die über längere Zeit hinweg blühen und eine Pflanzung prägen können. Besonders gut geeignet sind dafür Arten, die vor ihren Blüten mit aufrechtem, ordentlichem Wuchs aufwarten oder auch noch nach der Blüte mit Samenständen und ansprechender Form zieren.

Wenn das Beet über die gesamte Saison hinweg attraktiv aussehen soll, ist es sinnvoll, für den Frühling eigene Leitstauden auszuwählen und weitere Arten für den Sommer und den Herbst. Auf diese Art kann auch das Farbkonzept je nach Jahreszeit variiert oder völlig verändert werden. Je größer ein Beet ist, desto eher kann man mehrere Leitstauden verwenden; bei kleinen Flächen ist der Ergebnis harmonischer, wenn man sich auf eine kleinere Zahl oder nur eine einzige Art beschränkt.

LINKS Wuchs- und Blütenformen im Kontrast: Purpur-Wasserdost (*Eupatorium purpureum*) mit Weidenblättriger Sonnenblume (*Helianthus salicifolius*), Blutweiderich (*Lythrum salicaria*), Wiesenknopf (*Sanguisorba*) und Lanzen-Eisenkraut (*Verbena hastata*).

RECHTS Dolden (*Patrinia scabiosifolia*) treffen auf Köpfchen (*Monarda*), füllige Blütenstände (*Phlox*) und Wolken (*Artemisia lactiflora, Thalictrum rochebrunianum*).

Wichtig ist, Leitstauden öfter innerhalb einer Pflanzung zu verwenden und möglichst keine regelmäßigen Abstände zu wählen; längliche Gruppen unterschiedlicher Größe wirken dabei besonders natürlich. Klassische Leitstauden sind Hoch- und Spätsommerblüher wie Wasserdost (*Eupatorium*), Phlox, Gräser oder auch Rittersporn (*Delphinium*), im Schatten können es Funkien (*Hosta*) oder ganz im Frühling Christrosen (*Helleborus*) sein. Man kann aber durchaus auch unscheinbare Pflanzen als Leitstauden wählen, es ist dann jedoch schwieriger, Begleitstauden zu finden, die ihnen nicht die Show stehlen. Man kann sich behelfen, indem man diese Stauden in großer Anzahl pflanzt.

Begleitstauden

Das sind Pflanzen, die mit ihren Blüten, ihrem Laub oder ihrem Wuchs die Wirkung der Leitstauden unterstützen und oft sogar verstärken. Gut gewählte Begleitstauden überbrücken im Frühjahr die Zeit, bis Leitstauden ihren Auftritt haben, verdecken die nackten Stängel anderer Pflanzen und sie helfen, die Blühdauer einer Pflanzung zu verlängern, weshalb sie für ein Beet wichtig sind.

Meistens tragen Begleitstauden eine Fülle von kleineren Blüten, die Vorder- oder Hintergrund für andere Stauden bieten, sie weben sich in ihre Pflanzpartner hinein oder füllen die Bereiche zwischen höheren Stauden aus. Neben der Form der Pflanzen spielt die Farbe eine wichtige Rolle: Je nachdem, ob die Pflanzung Ton in Ton gestaltet wird oder Kontraste erwünscht sind, greifen Begleitpflanzen die Farbtöne der Leitstauden auf oder heben sich farblich ab.

Man trägt sie daher nach den Leitstauden in den Plan ein und füllt so das Beet mit Formen und Farben auf. Wie oft man die gleichen Stauden verwendet, ist Geschmackssache. Wiederholtes Auftreten von gleichen oder ähnlichen Formen und Farben trägt zur Ruhe im Beet ein, während viele unterschiedliche Pflanzen Lebendigkeit und Üppigkeit in eine Pflanzung einbringen. Gute Begleitpflanzen verhindern,

dass Löcher in der Pflanzung – wie sie nach dem Rückschnitt oder dem Einziehen anderer Pflanzen entstehen – sichtbar werden. Sie verdecken diese und lenken ab, bis andere Leitstauden wieder die Führung übernehmen.

Die eben beschriebene Methode der Planung mit Leit- und Begleitpflanzen ist eine logische und leicht nachvollziehbare Vorgehensweise, die völlig ausreicht, um gelungene Beete zu erhalten. Eine weitere Art der Planung – sie steht nicht im Widerspruch mit der vorherigen, sondern geht mehr ins Detail – ist die Anordnung der Pflanzen nach ihrer Funktion innerhalb des Beets.

Gerüststauden, Füllpflanzen und andere

Wer eine größere Fläche mit Stauden plant, wird bald merken, dass eine bloße Einteilung in Leit- und Begleitpflanzen zu ungenau ist, da sie nicht auf die Wuchsform der Pflanzen eingeht und man auch nicht erkennen kann, in welcher Anzahl eine Pflanze verwendet werden soll. Betrachtet man ein Beet als einen dreidimensionalen Raum, so bietet sich eine weitere Einteilung an, die das Konzept der Leit- und Begleitstauden mit einschließt und gleichzeitig auf Höhe und Form Bezug nimmt.

Solitärstauden sind Pflanzen, die in Einzelstellung verwendet werden und so auffällig sind, dass sie eine Pflanzung

Funktion	Wirkung
Solitärstaude	Leitstauden
Gerüststaude	
Gruppenstaude	Begleitstauden
Bodendeckerstaude	
Streupflanze	
Füllpflanze	

beherrschen können. Diese Wirkung kann auf großen Blüten beruhen oder auf besonders ausladendem oder hohem Wuchs, daher sollten sie zuerst eingeplant werden, weil sie oft auch den meisten Platz benötigen. Gerüststauden wirken durch ihre Standfestigkeit, ihre Laubmasse oder ihre zahlreichen Blüten. Die Bezeichnung bezieht sich direkt auf die Funktion innerhalb des Beets, denn diese Stauden werden in Gruppen in den hinteren und mittleren Teil einer Pflanzung eingeordnet und bilden den Rahmen für die anderen Pflanzen. Unter Gruppenstauden versteht man Pflanzen, die in Einzelstellung nicht auffallen würden. Es müssen mehrere gepflanzt werden, damit sie Wirkung entfalten und im Beet beeindrucken können; dazu gehören vor allem kleinblütige oder sehr zarte Pflanzen.

LINKS Kugel-Lauch (*Allium* 'Gladiator', 'Mount Everest') und Rote Lichtnelke (*Silene dioica*) – ein schönes Paar für Anfang Mai.

RECHTS Alles Ton in Ton: Wiesenknöpfe (Sanguisorba tenuifolia var. *alba* 'Albiflora') verweben sich mit Wiesenraute (*Thalictrum delavayi* 'Hewitt's Double'), rosa Phlox und rotem Knöterich (*Persicaria amplexicaule* 'Firetail').

Bodendeckerstauden werden in Staudenbeeten meistens im Vordergrund verwendet. Sie wachsen in den meisten Fällen niedrig, schließen den Boden eines Beets im Vordergrund ab und bilden gleichmäßige Bestände. Eine Sonderstellung nehmen in einem Beet Streupflanzen ein. Sie werden zum Schluss eingefügt und tauchen einzeln und in unregelmäßigen Abständen im gesamten Beet auf. Meist handelt es sich um schlanke Pflanzen, die durch andere hindurchwachsen und nur für kurze Zeit Akzente setzen, weil sie rasch verblühen oder einziehen. Zu dieser Gruppe gehören vor allem Zwiebelpflanzen wie Kugel-Lauch (*Allium aflatunense*), aber auch das Eisenkraut (*Verbena bonariensis*) oder Einjähriger Mohn (*Papaver rhoeas*) zählen dazu. Am Ende rundet man eine Pflanzung mit Füllstauden ab. Ihre Aufgabe ist es, in einem Beet Lücken zu schließen, bis die anderen Pflanzen ihre endgültige Größe erreicht haben und den ihnen zugedachten Platz ausfüllen. Weil der ihnen zugewiesene Platz nur temporär besteht, werden für diese Position meist kurzlebige Pflanzen wie Akeleien (*Aquilegia*), Judaspfennig (*Lunaria annua*) oder überhaupt Einjährige verwendet.

Abstand wahren!

Je nachdem, aus welcher natürlichen Pflanzengesellschaft die verwendeten Stauden stammen, stellen sie unterschiedliche Ansprüche an ihren individuellen Standort. Besonders Solitärstauden sind beim Kauf meistens klein und wachsen erst langsam zu imposanter Größe heran. Dieser spätere Platzbedarf muss von Anfang an einkalkuliert werden. Die zu Beginn vorhandenen Lücken können in den ersten Jahres des Beets mit Füllpflanzen überbrückt werden, die dann aber zur rechten Zeit entfernt werden müssen, damit sie der Hauptpflanze nicht Licht und Nährstoffe streitig machen. Bei wüchsigen Bodendeckern und Gerüststauden ist dieses Problem aufgrund der zügigen Entwicklung weniger stark ausgeprägt – trotzdem sollte schon beim Zusammenstellen der Pflanzliste und der Einteilung in Funktionen die später benötige Anzahl der Pflanzen – meistens wird diese von Anbietern in Stück pro Quadratmeter angegeben – notiert werden. So können Sie direkt aus den Notizen heraus eine Einkaufsliste erstellen, ohne erneut recherchieren zu müssen.

Planen mit Leitmotiven

Wer auf das hierarchische Konzept der Leitstauden und ihrer Begleiter komplett verzichten möchte, kann als Gestaltungselement die Blütenformen wählen oder einen Kontrast zwischen Farben oder Formen, der immer wieder auftaucht. So können Sie beispielsweise verschiedene Stauden mit kerzenförmigen Blütenständen, wie Blutweiderich (*Lythrum*), Garten-Kerzen-Spiere (*Astilbe chinensis* var. *taquetii* 'Purpurlanze'), verbunden mit Doldenblütlern, beispielsweise der Kaschmirdolde (*Selinum wallichianum*) und Engelwurz (*Angelica gigas*), oder Stauden mit halbkugeligem Wuchs, wie Katzenminzen (*Nepeta*) oder Storchschnabel (*Geranium*), als wiederkehrendes Element verwenden. Diese Kombination kann schon im Frühling mit Geophyten wie Traubenhyazinthen begonnen und das ganze Jahr hinweg aus verschiedenen Pflanzen zusammengesetzt werden.

Aber es eignen sich auch Farben als Leitmotive, so etwa das Zusammentreffen von Purpurrot und Weiß oder die sehr beliebte und ruhige Kombination aus Rosa- und Lilatönen. Bei Farben müssen Sie darauf achten, unterschiedliche Blütenformen zu verwenden und auch die Laubfarben Silber und Rot in das Leitmotiv mit einzuplanen.

Pflanzungen mit Leitmotiven finden sich häufig im Bereich der naturalistischen Gartengestaltung. Als Basis dient dabei immer die Idee der standortgerechten Verwendung. Indem auf strenge Kompositionen mit gleichen Abständen und genauer Pflanzenanzahl verzichtet wird, rücken grafische Elemente wie die Blüten- oder Wuchsform in den Mittelpunkt. So stehen Blütenformen wie etwa Korbblüten und Kerzen oder auch Wuchsformen, wie wolkige, blütenreiche Stauden oder Gräser im Fokus und können dadurch, dass sie unregelmäßig im Beet erscheinen, zu einem harmonischen Gesamtbild führen – ganz wie in der Natur, die hier als Inspiration dient. In solchen Anlagen ist Aussaat nicht nur erlaubt, sondern sogar erwünscht: Dynamische Pflanzungen leben davon, dass sie jedes Jahr etwas anders aussehen, geeignete Pflanzenarten sich ausbreiten und alle verwendeten Pflanzen sich bei guter Auswahl und passenden Bedingungen schließlich annähernd die Waage halten.

Häufig stehen die Eleganz und Leichtigkeit von Gräsern im Mittelpunkt einer Pflanzung oder luftige Blütenwolken wie die von Astern werden von *Echinacea* und *Sedum* durchbrochen. In vielen Fällen bleibt die Spannung zwischen den unterschiedlichen Blütenformen über den Herbst hinaus erhalten und lebt auch im Winter weiter – ohne Farben, aber mit unvermindertem Kontrast.

Welche Pflanzen passen zueinander?

Die Frage, welche Pflanzen man am besten nebeneinander pflanzt, beschäftigt Gartenbegeisterte ständig. Besonders bei Neuanlagen, aber auch, wenn es vorhandene Beete zu ergänzen gilt, ist es schwer, aus der großen Anzahl an Stauden auszuwählen. Die vorherigen Kapitel zur standortgerechten Pflanzung dienen auch hier als Grundlage und sollten beachtet werden. Denn auch wenn eine Kombination zwischen feuchtigkeitsliebenden Stauden und Trockenkünstlern reizvoll aussehen kann: Sie wird nicht von Dauer sein.

Pflanzen werden schon lange miteinander kombiniert. Dabei lieben wir Menschen Kontraste: In der Kunst im Allgemeinen und in der Malerei im Besonderen und wir kleiden uns nach bestimmten Form- und Farbzusammenstellungen. Es liegt daher nahe, auch in Gärten mit diesen Gegensätzen zu spielen; mit Farben, Formen und Silhouetten.

Wie die Mode sind auch Stauden und beliebte Kombinationen aktuellen Trends unterworfen. Trotzdem ist alles erlaubt, was Ihnen gefällt, gerade im Garten, der einem sehr persönlichen Freiraum entspricht und keinen gesellschaftlichen Zwängen unterworfen sein sollte. Abgesehen von ungeeigneter Höhe (kleine Pflanze hinter großer), dem falschen Standort (Präriepflanze im Schatten) und ungünstigem Wuchsverhalten (Wucherer zwischen zarten, kleinen Nachbarn) gibt es keinen Grund, warum man nicht seinen eigenen Vorstellungen folgen und neue Kombinationen ausprobieren sollte. Haben Sie daher Mut, Ihre Ideen umzusetzen und ungewöhnliche Partner zu kombinieren. Falls ein Staudenpaar doch nicht zusammenpassen sollte, kann das Problem mittels Umpflanzen leicht gelöst werden. Sämlinge nehmen uns häufig die Entscheidung ab: Meist finden sie einen passenden Platz und es entstehen ungeahnt ansprechende Kombinationen, auch mit Pflanzen, die man selbst nie zusammengeführt hätte.

VON LINKS OBEN IM UHRZEIGERSINN Die Graue Kratzdistel (*Cirsium canum*) zusammen mit Hohem Ehrenpreis (*Veronicastrum virginicum* 'Pink Glow'. | Auch die Blüten von Funkien haben ihren Reiz: *Hosta* 'Krossa Regal' mit verblühter Wiesenraute (*Thalictrum pubescens*). | Grünliches Gelb wie vom Goldbaldrian (*Patrinia scabiosifolia*) harmoniert gut mit den Lilatönen der Indianernessel (Monarda 'Saxon Purple') und Flammenblume (*Phlox paniculata* 'Katherine'). | Rote Astilbe (*Astilbe Arendsii*-Hybride 'Fanal') mit weißem Mutterkraut (*Tanacetum pathenium*). | Rosa Lanzen-Eisenkraut (*Verbena hastata*) mit weißem Wiesenknopf (*Sanguisorba tenuifolia* var. *alba* 'Albiflora').

Die Rolle der Form

Die Form einer Pflanze wird in der Gestaltung oft unterschätzt. Das liegt vermutlich daran, dass bei der Auswahl meist die Farbe der Blüten und Blätter den Ausschlag gibt. Dabei ist es ein großer Unterschied, ob einzelne Blüten an schmalen Stängeln erscheinen oder eine Vielzahl in feiner Rispe, ob die Pflanze in dicken Dolden erblüht oder in einzeln angeordneten Blüten. Eine Pflanzung lebt durch Kontraste, die eben nicht nur mit Laub und Farben erzielt werden, sondern auch im Zusammenspiel der verschiedenen Formen. Diese Spannung erwächst aus dem Zusammentreffen von feinen, zarten mit wuchtigen, auffälligen Pflanzen. Vereinfacht gesagt: Linien treffen auf Flächen, Ebenen auf Geraden, Kreise auf Flächen und eckig auf rund, Großes auf Kleines und Zartes auf Plumpes. Alleine würden viele Pflanzen langweilig sein oder uns optisch erschlagen, in der Kombination mit ihren gegensätzlichen Partnern entsteht ein Bild, das uns unwillkürlich auffällt.

Wie sehr uns der Aspekt der gegensätzlichen Formen zusätzlich zur Farbe anspricht, wird bei herbstlichen Bildern mit Blütenständen deutlich: Hier regieren keine Farben, sondern nur mehr Formen, und wenn geeignete Pflanzpartner gewählt wurden, sind diese auch im tiefsten Winter noch in der Lage, unsere Blicke zu fesseln.

Wuchsform

Pflanzen können hoch und schlank wachsen, aber auch breit und niedrig, ihre Stängel können ausladend werden und in andere Pflanzen hineinwachsen oder sie hängen elegant über, wie das bei vielen Gräsern der Fall ist. Die Gesamterscheinung der Pflanzen entscheidet, welche Wirkung ein Beet auf den Betrachter hat: straff und geordnet, verspielt, elegant oder aber unbändig und üppig. Da man den Charakter einer Staude nur im ausgewachsenen Zustand erkennt, sollte man sich nicht auf den zarten Eindruck einer Verkaufspflanze verlassen. Zielführender ist es, in Zeitschriften, Büchern oder dem Internet nach Bildern zu suchen oder, noch besser, einer Staudengärtnerei mit Schaubeeten einen Besuch abzustatten. Dort können Sie fertige Beete betrachten und vor Ort entscheiden, welche Pflanze Ihnen am ehesten zusagt.

Eine grobe Einteilung nach Wuchscharakter könnte so aussehen:

- schmal/aufrecht
- breit/buschig/einheitlich
- locker/ausladend/überhängend
- niedrig/bodendeckend

Schmale und aufrechte, vertikale Formen

Die Kategorie beschreibt eine der beliebtesten Formen bei Stauden: die der Pflanze, die aus der Umgebung aufragt, wie Rittersporn (*Delphinium*), Zier-Lauch (*Allium*) oder Königskerzen (*Verbascum*). In der Natur, wo die Pflanzen mit ihren Blüten um Bestäuber buhlen, ist diese Form der Garant für reichen Samenansatz, da diese Blüten am leichtesten zu finden sind. Dementsprechend viele Pflanzen setzen daher auf ihre Größe und das Aufragen aus der Masse – und genau dieses Sich-Erheben über die wogende, gleichförmige Masse ist es, das uns so begeistert mit diesen Stauden gestalten lässt. Kaum ein Gegensatz wirkt beeindruckender auf uns als das Aufeinandertreffen von aufstrebenden, schmalen Formen mit blütenreichen Tuffs oder fein strukturierten Wolken. Nicht umsonst wird das Zarte Federgras (*Stipa tenuissima*) zusammen mit Sonnenhut (*Echinacea purpurea*) im öffentlichen Grün so häufig verwendet.

Pflanzen, die das Vertikale darstellen, verleihen deshalb jedem Beet Spannung und sollten besonders dann verwendet werden, wenn ein Hingucker gewünscht ist. Oft reicht eine einzige Pflanze aus dieser Kategorie, um einer Pflanzung den letzten Schliff zu verpassen. Dazu kommt, dass einige wenige Pflanzen nicht nur mit ihren Blüten aus den anderen Stauden aufragen, sondern auch mit ihren Blättern. Vor allem Iris und Montbretien (*Crocosmia*) sind hier zu nennen; ihr Laub alleine macht sie bereits gartenwürdig und ziert auch außerhalb der Blütezeiten. In nicht zu trockenen Böden bietet sich die Sumpf-Schwertlilie (*Iris pseudacorus*) an, die mit ihrem aufrechten Laub schon früh im Jahr Kontrast ermöglicht.

Einfach mit anderen Stauden zu kombinieren, da man sie problemlos zwischen andere Stauden pflanzen kann, sind die vielen unterschiedlichen Arten und Sorten des Kugel-Lauchs. Neben der gewöhnlichen lila Form (*Allium aflatunense*) steht uns ein großes Sortiment zur Verfügung, das neben riesigen Blütenkugeln ('Gladiator', 'Globemaster') auch weiße Blüten ('Mount Everest') bietet. Dazu kommt eine große Anzahl an Arten, die oft auch andere Ansprüche an Boden und Licht haben, wie etwa *Allium sphaerocephalon*, das es trocken und sonnig bevorzugt und mit seinen kleinen purpurroten Blütenkugeln gut zwischen Gräser passt.

Zu den aufrechten Stauden zählen alle mit kerzenförmigen Blütenständen (S. 42), aber es gibt auch Pflanzen, deren Form insgesamt schmal und aufstrebend erscheint. Effektvoll in der Gartengestaltung ist das Reitgras (*Calamagrostis × acutiflora* 'Karl Foerster'). Es treibt sehr früh im Jahr aus und bildet bereits im Frühsommer Blütenstände, die sich später weizengelb färben und das Winterhalbjahr über straff aufrecht als vertikales Element dienen. Im Zusammenspiel mit runden Formen oder Blütenwolken erscheint es seltsam befremdend und wirkt, im Hintergrund von Beeten verwendet, stark ordnend.

OBEN Der aufrechte Wuchs der Steppenkerzen (*Eremurus*) wird vom Lauch (*Allium nigrum, Allium sphaerocephalon*) optisch gebremst.

MITTE Lila Bartfaden (*Penstemon*) und Gold-Schafgarbe (*Achillea filipendulina*) vor einer Wolke aus verblühtem Riesenschleierkraut (*Crambe cordifolia*) ergeben eine ruhige Kombination.

UNTEN Die riesigen Dolden der Purpur-Engelwurz (*Angelica sylvestris* 'Vicar's Mead') heben sich in der Gärtnerei Marnis von Gräsern (*Molinia* × *arundinacea* 'Transparent') besonders gut ab.

Breiter, einheitlicher, abgegrenzter Wuchs

In diese Kategorie gehören alle Stauden, die ein kompaktes, in Höhe und Breite einheitliches Wuchsbild aufweisen. Viele Leitstauden entsprechen dieser Form; Beispiele sind Phlox, Raublatt-Astern, hohe Katzenminzen (*Nepeta*), Herbst-Sedum, Sonnenbraut (*Helenium*), Wasserdost (*Eupatorium purpureum*), Wolfsmilch (*Euphorbia*) und Sonnenhut (*Echinacea*), aber auch kompakte Gräser, Funkien oder weitere Blattschmuckstauden fallen darunter. Sie bilden mit ihrer Silhouette eine Halbkugel und damit einen Ruhepol, der sich von aufragenden, spitzen Blütenständen, luftigen Blütenwolken und Stauden, die sich in andere hineinweben, optisch absetzt. Etliche Gräser, darunter Chinaschilf (*Miscanthus*), Lampenputzergras (*Pennisetum*) und viele Seggen (*Carex*) wachsen ebenfalls einheitlich, wenngleich sie im Herbst mit ihren Samenständen zum Teil überhängen und ihre Form verändern – sie bleiben doch kompakt und eine harmonische Erscheinung.

Möchte man ein kleines Beet bepflanzen, so bieten sich diese Pflanzen – besonders die größeren – als Leitstauden besonders an. Ihren Platzbedarf kann man gut planen, sie wirken über längere Zeit hinweg als Blickfang, und mit wenigen Begleit- und um einige Füllstauden ergänzt, ergeben sich optisch ansprechende, runde Kombinationen. Bei ausschließlicher Verwendung solcher Stauden besteht die Gefahr, dass ein Beet zu aufgeräumt und unnatürlich wirkt, da die Pflanzen kaum ineinandergreifen und alle einen sich ähnelnden Umriss bilden. Diesen Effekt kann man sich jedoch auch zunutze machen, wenn man ruhige Zusammenstellungen mit geordnetem Charakter schaffen möchte.

Lockerer, ausladender und üppiger Wuchs

Diese Stauden sind der Inbegriff üppiger Staudenbeete. Zahlreiche beliebte Beetstauden wachsen ausladend und sind so in der Lage, als Verbindung zwischen anderen

VON LINKS OBEN IM UHRZEIGERSINN Wiesenknopf (*Sanguisorba*) mit Blutweiderich (*Lythrum salicaria*). | Purpur-Wiesen-Kerbel (*Anthriscus sylvestris* 'Ravenswing'). | Purpur-Sonnenhut (*Echinacea purpurea*) mit Schaben-Königskerze (*Verbascum chaixii*). | Ein ungleiches Paar: *Hosta* 'Sum and Substance' und Blüten der Falschen Alraunwurzel (*Tellima grandiflora* 'Rubra'). | Katzenminze (*Nepeta* 'Blue Danube') mit Gamander (*Teucrium hycanicum*).

Stauden zu fungieren. Überall, wo zwei straffe Formen hart aufeinandertreffen würden, bieten sich Stauden an, die farblich und möglicherweise auch über die Blütenform Elemente aus dem Rest der Pflanzung aufnehmen und so erlauben, den Übergang fließend zu gestalten. So schlängelt sich ein Staudenknöterich (*Persicaria amplexicaule*) mühelos durch andere Pflanzen hindurch, aber auch die Geißraute (*Galega*), viele Katzenminzen (*Nepeta*), Indianernesseln (*Monarda*), Wiesenknöpfe (*Sanguisorba*) oder Hohe Glockenblumen (*Campanula lactiflora*) können diese Aufgabe übernehmen.

Bodendeckender, niedriger Wuchs

Für einen harmonischen Beeteindruck sind nicht nur aufstrebende, hohe Stauden wichtig, sondern auch niedrige, die mit rundem Wuchs zu den Beetkanten hin abschließen und nackte Stängel der höheren Stauden verdecken. In flächigen Beeten übernehmen flache Stauden die Aufgabe des Ruhepols, sie bilden größere Bestände und damit die Bühne für Solitärstauden, die dann aus ihnen aufragen und Effekte setzen. Niedrige Stauden können je nach Art sowohl horstig wachsen als auch mit Ausläufern rasch dichte Bestände bilden. In Staudenbeeten wird man ausläufertreibende Stauden zu vermeiden suchen, unter Hecken oder im Hintergrund von Beeten sind sie oft dankbare Lückenfüller, die keiner besonderen Pflege bedürfen.

Bekannte Stauden mit niedrigem Wuchs sind viele Storchschnäbel (*Geranium*), Elfenblumen (*Epimedium*), Wollziest (*Stachys byzanthina*), Kissen-Astern (*Aster dumosus*), Nelkenwurz (*Geum*) und Schaumblüte (*Tiarella*). Sie sind im Vordergrund von Beeten oder in größeren Beständen gut aufgehoben.

Blütenform und Blütenstand

- Blütenkerzen und -ähren
- Blütendolden
- Blütenwolken
- Imposante Hingucker (Blütenfülle)
- Wirkung durch Masse

Eines der wichtigsten Gestaltungselemente steht uns mit der Blütenform einer Staude zur Verfügung. Ob eine weiße Staude Dolden trägt, aufrechte Kerzen oder eine Vielzahl von kleinen Blüten in Wolkenform, beeinflusst maßgeblich die Wirkung eines Beets. Aber auch hier gilt: Der Eindruck steht und fällt mit den passenden Nachbarn. Straffe, aufrechte Formen entfalten erst neben runden, sanften Pflanzen Dramatik und luftig-leichte Formen brauchen einen voluminösen Gegenpart, um nicht unbemerkt mit dem Hintergrund zu verschmelzen. Bei zarten Blüten ist es daher vorteilhaft, die Pflanzen in größerer Anzahl zu verwenden, um den Effekt deutlicher hervortreten zu lassen. Umgekehrt muss mit großen, auffälligen Blüten vorsichtig umgegangen werden. Hier ist es oft besser, mit Blattschmuckstauden oder in sonnigen Beeten mit Gräsern als Nachbarn zu arbeiten, da feines Laub und fließende Formen genug Ruhe erzeugen, um einem Beet die notwendige Balance zwischen Leit- und Begleitstauden zu verleihen.

Wie wir den Charakter einer Pflanze empfinden, hängt stark von den umgebenden Pflanzen ab. So wird man die Blüten des Sonnenhuts (*Echinacea*), die auf langen Stängeln sitzen und einer schlanken Pflanzenbasis entwachsen, über den runden Formen einer Herbst-Sedum-Pflanze zweifellos als aufrecht bezeichnen. Kombiniert man sie hingegen mit Duftnesseln (*Agastache*), dann wirken diese als aufrechtes Element und der Sonnenhut fungiert als Gegenpart, da seine Blüten auch eine ausgeprägte horizontale Ebene aufweisen.

Blütenkerzen und -ähren

Stauden mit aufrechten Blütenständen bringen Spannung in Beete, denn sie lenken die Aufmerksamkeit auf sich. Das liegt daran, dass sie aus den halbrunden Blattbüschen der Umgebung aufragen und damit Kontrast erzeugen. Stauden aus dieser Gruppe können mit allen anderen Pflanzen kombiniert werden, wobei der Effekt zusammen mit runden Blüten am stärksten ist. Aber auch Doldenblütler bieten gute Partner und sogar luftige, leichte Formen eignen sich, da sie die Strenge von aufrechten Pflanzen abfangen und verringern. Sie sollten jedoch darauf achten, nicht zu viele verschiedene

Stauden mit dieser Blütenform zu verwenden und vor allem nicht direkt nebeneinander, weil sich der Effekt sonst verliert oder das Beet zu schmal erscheinen lässt, weil das Auge unwillkürlich nach oben geht und nicht in die Weite oder die Tiefe geleitet wird. Sie sollten daher auf jeden Fall gegensätzliche Blütenformen als Partner mit einplanen!

Stauden mit Blütenkerzen

Bärenklau	*Acanthus* (diverse)
Eisenhut	*Aconitum*
Silberkerze	*Actaea simplex*
Duftnessel	*Agastache* (diverse)
Prachtspiere	*Astilbe* (diverse)
Junkerlilie	*Asphodeline lutea*
Geißbart	*Aruncus aethusifolius, A dioicus*
Färberhülse	*Baptisia australis*
Prärielilie	*Camassia* (diverse)
Rittersporn	*Delphinium*
Fackellilie	*Kniphofia* (diverse)
Herzgespann	*Leonurus cardiaca*
Prachtscharte	*Liatris spicata*
Greiskraut	*Ligularia* (diverse)
Leinkraut	*Linaria purpurea*
Lupine	*Lupinus*
Blutweiderich	*Lythrum salicaria, L. virgatum*
Blauraute	*Perovskia*
Staudenknöterich	*Persicaria amplexicaule, P. bistorta*
Brandkraut	*Phlomis russeliana, P. tuberosa*
Steppen-Salbei	*Salvia nemorosa*
Ziest	*Stachys byzantina, S. monnieri*
Kaukasus-Gamander	*Teucrium hyrcanicum*
Königskerzen	*Verbascum* (verschiedene)
Lanzen-Eisenkraut	*Verbena hastata*
Stauden-Ehrenpreis	*Veronicastrum virginicum*

Dolden

Stauden, deren Blüten in Dolden angeordnet sind, entsprechen in einer Pflanzung dem horizontalen Element. Denn obwohl sie oft so imposant und großwüchsig sind, dass sie nur im Hintergrund eines Beets verwenden werden können, erscheint ihre Form im Ganzen betrachtet rund und weich. Sie sind daher der notwendige Gegenpart zu aufrechten, spitzen Blütenformen, deren aufrechte Dynamik vom Rund der Dolden gebremst wird und die zusammen in einem reizvollen Spannungsverhältnis stehen.

Pflanzen, die in Dolden/Trugdolden blühen

Schafgarbe	*Achillea*-Arten und -Sorten
Dill	*Anethum graveolens*
Engelwurz	*Angelica gigas*
Schirm-Aster	*Aster umbellatus*
Sterndolde	*Astrantia major*
Behaarter Kälberkropf	*Chaerophyllum hirsutum* 'Roseum'
Purpur-Wiesen-Kerbel	*Anthriscus sylvestris* 'Ravenswing'
Echte Karotte	*Daucus carota*
Wasserdost	*Eupatorium* (diverse)
Mädesüß	*Filipendula* (diverse)
Fenchel	*Foeniculum vulgare*
Süßdolde	*Myrrhis odorata*
Goldbaldrian	*Patrinia scabiosifolia*
Meisterwurz	*Peucedanum ostruthium*
Weinraute	*Ruta graveolens*
Fetthenne	*Sedum*-Arten und -Sorten
Kaschmirdolde	*Selinum wallichianum*
Rainfarn	*Tanacetum vulgare*
Echter Baldrian	*Valeriana officinalis*
Arkansas-Scheinaster	*Vernonia crinita*

Blütenwolken

Als Kombinationspartner für aufrechte Stauden bieten sich luftige, lockere Formen an. Sie verringern die Strenge, die von einer straffen Pflanze ausgeht, und umspielen die Blütenkerzen mit Wolken aus kleinen, teilweise sogar winzigen Blütchen. Dabei bilden sie keine Wand, sondern legen sich wie ein Schleier über eine Pflanzung, sodass man noch hindurchsehen kann. Deshalb können Pflanzen dieser Kategorie auch bei höherem Wuchs weiter vorne im Beet verwendet werden, ohne die Höhenstaffelung unangenehm

OBEN Bei der Verwendung ähnlicher Farben ist die Blütenform der Hauptaspekt. Auf diese Weise wirken Ton-in-Ton-Kombinationen wie weiße Duftnessel (*Agastache foeniculum* 'Alba') mit Elfenraute (*Artemisia lactiflora* 'Elfenbein').

MITTE Weiß passt gut zu allen Lilatönen und besonders Indianernesseln (Monarda 'Snow Queen') mit ihren rundlichen Blüten bringen Abwechslung in sonnige Beete.

UNTEN Wiesenknöpfe (*Sanguisorba*) werden zum Teil recht hoch und bieten so interessante Gegenpole zu den wuchtigen Blüten anderer Großstauden wie Wasserdost (*Eupatorium purpureum*).

zu durchbrechen. Da feine Blüten oft auf großen Blütenständen wachsen, sind diese Stauden in der Lage, Lücken zu füllen und als Verbindungselement zweier nicht direkt benachbarter Pflanzen zu dienen.

Pflanzen, die Leichtigkeit vermitteln	
Frauenmantel	*Alchemilla mollis*
Hanfblättriger Eibisch	*Althaea cannabina*
Wald-Geißbart	*Aruncus dioicus*
Gemüse-Spargel	*Asparagus officinalis*
Herbst-Aster	*Aster* (diverse)
Wiesen-Kerbel	*Anthriscus sylvestris* 'Ravenswing'
Elfenraute	*Artemisia lactiflora*
Steinquendel	*Calamintha nepeta*
Riesen-Schuppenkopf	*Cephalaria gigantea*
Riesenschleierkraut	*Crambe cordifolia*
Fenchel	*Foeniculum vulgare*
Dreiblattspiere	*Gillenia trifoliata*
Schleierkraut	*Gypsophila paniculata*
Purpurglöckchen	*Heuchera* (blühfreudige Typen)
Purpur-Witwenblume	*Knautia macedonica*
Federmohn	*Macleaya cordata*
Blauraute	*Perovskya*
Wiesenknopf	*Sanguisorba officinalis* (und andere)
Rote Lichtnelke	*Silene dioica*
Goldrute	*Solidago rugosa* 'Fireworks'
Wiesenraute	*Thalictrum* (diverse)

Gräser	
Hohes Pfeifengras	*Molinia arundinacea* 'Transparent'
Ruten-Hirse	*Panicum virgatum*
Rasen-Schmiele, Gewöhnliche Draht-Schmiele	*Deschampsia cespitosa, D. flexuosa*
Zartes Federgras	*Stipa tenuissima*

VON LINKS OBEN IM UHRZEIGERSINN Aufrechte Waldrebe (*Clematis recta* 'Purpurea'). | Weiße Duftnessel (*Agastache foeniculum* 'Alba') mit Indianernessel und Aster. | Kugeldistel (*Echinops ritro*). | Silberähren-Gras (*Achnatherum calamagrostis*) mit Kugelköpfigem Lauch (Allium *sphaerocephalon*). | Storchschnabel (*Geranium* ibericum 'Turco') mit Hohem Ziest (*Stachys macrantha*).

Imposante Hingucker

Diese Bezeichnung benennt Stauden, deren Einzelblüten oder Blütenstände groß und rundlich sind. Sie bringen mit der Fülle ihrer Blüten Farbe in ein Beet und bilden meist ausladende, gleichmäßige Büsche. Ihr Umriss ist annähernd halbrund und sie tragen ihre Blüten in ähnlicher Höhe, sodass sie eine horizontale Ebene bilden. Ausnahmen sind einzelstehende Blüten wie von Zier-Lauch (*Allium*) oder Iris, die im Kontrast zu ihrer Umgebung vertikal wahrgenommen werden. Auffallend viele Prachtstauden, die vor allem mit ihren Blüten beeindrucken und mit den Jahren prächtige Horste bilden, fallen in diese Kategorie.

Solche Stauden werden Sie ganz sicher in Ihrem Beet verwenden, denn sie sind in den meisten Fällen Leitstauden, denen andere Pflanzen untergeordnet werden. Achten Sie darauf, nicht zu viele von ihnen zu pflanzen, damit sie sich nicht gegenseitig die Show stehlen.

Pflanzen, die mit großen oder besonderen Blüten auffallen	
Kugel-Lauch	*Allium aflatunense*
Herbst-Anemone	*Anemone × japonica*
Glockenblume	*Campanula lactiflora*
Spornblume	*Centranthus ruber*
Purpur-Sonnenhut	*Echinacea purpurea*
Kugeldistel	*Echinops ritro*
Wolfmilch	*Euphorbia* (verschiedene)
Geißraute	*Galega × hartlandii*
Sonnenbraut	*Helenium* (verschiedene Sorten)
Orientalische Lenzrose	*Helleborus orientalis*
Taglilie	*Hemerocallis* (verschiedene)
Nachtviole	*Hesperis matronalis*
Schwertlilie	*Iris* (verschiedene)
Oktober-Margerite	*Leucanthemella serotina*
Lilie	*Lilium* (verschiedene)
Indianernessel	*Monarda* (verschiedene)
Bauern-Pfingstrose	*Paeonia officinalis*
Türkischer Mohn	*Papaver orientale*
Hohe Flammenblume	*Phlox paniculata*
Großblumiger Ziest	*Stachys macrantha*

Wirkung durch Masse

Neben den vielen Stauden, die durch besondere Form ihrer Blütenstände auffallen, gibt es auch welche, die alleine durch die Menge ihrer Blüten beeindrucken. Im Gegensatz zu den schon erwähnten luftigen Stauden, deren Blüten zwischen anderen Stauden schwirren, bleiben diese Pflanzen kompakt und eher niedrig. Sie sind wertvolle Begleitstauden und bilden den ruhigen Gegenpol zu knalligen Leitstauden oder straff aufrechten Hintergrundpflanzen. Besonders oft werden sie im Beetvordergrund verwendet, um einen harmonischen Übergang zwischen Rasen, Weg und Beeten zu ermöglichen. Die Blütenform ist bei diesen Stauden meist nebensächlich, da man sie nur ganz aus der Nähe erkennen kann.

Massenblüher können durch ihre geballte Farbwirkung bei Wiederholung im Beet ein Farbthema mittragen oder beeinflussen. Hellen Beeten kann man auf diese Weise Tiefe verleihen; zu dunkle Kombinationen können aufgehellt werden. Viele dieser Stauden sind zudem gut schnittverträglich und füllen nach der Blüte mit ihrem Blattschopf weiterhin den ihnen zugedachten Platz im Beet.

Massenblüher	
Frauenmantel	*Alchemilla mollis*
Färberkamille	*Anthemis tinctoria*
Herbst-Aster	*Astern* (Arten und Sorten)
Kaukasusvergissmeinnicht	*Brunnera macrophylla*
Berg-Flockenblume	*Centaurea montana*
Herbst-Chrysantheme	*Chrysanthemum*
Storchschnabel	*Geranium* (Arten und Sorten)
Nelkenwurz	*Geum*
Sommeraster	*Kalimeris incisa*
Purpur-Witwenblume	*Knautia macedonica*
Lavendel	*Lavandula*
Ausdauernder Lein	*Linum perenne*
Katzenminze	*Nepeta*
Glatter Dost	*Origanum laevigatum*
Heiligenkraut	*Santolina*
Dreimasterblume	*Tradescantia × andersoniana*

OBEN Ein noch junges *Hosta*-Beet (*Hosta* 'Green Meadows', 'Allegan Fog', *H. montana* 'Aureomarginata'), aufgelockert mit Farnen (*Asplenium scolopendrium, Athyrium filix-mas*), Schaumblüte (*Tiarella*) und kleinen Frühlingsblühern wie Leberblümchen (*Hepatica nobilis*).

MITTE Im Schatten blüht es hauptsächlich im Frühling. Für Farbe sorgen in diesem Beet Kaukasusvergissmeinnicht (*Brunnera macrophylla* 'Silver Wings'), Schaumblüten (*Tiarella*) und die Dreiblattlilie (*Trillium flexipes*).

UNTEN Eine Kombination, die allein durch die Form und Farbe der Blätter wirkt: *Peltoboykinia watanabei*, eine Schattenstaude aus Japan, und Elfenblumen (*Epimedium ogisui*).

Blattwerk und Textur

Neben den Blütenformen ist die Beschaffenheit des Laubs ein mindestens ebenbürtiger Aspekt. Das Laub ist besonders wichtig, wenn man blütenarme Beete im Schatten plant oder Übergänge zwischen Pflanzen interessant gestalten möchte und es ermöglicht - im Gegensatz zu Blüten - ganzjährige Effekte.

Blattform

Die Welt der Stauden ist erstaunlich vielfältig. Das wird vor allem deutlich, wenn man ihr Laub betrachtet. Neben feinen, filigranen Blättchen, die nur wenige Millimeter groß sind, bis hin zu riesigen Laubtellern, die man als Schirm benutzten könnte, existiert eine Vielzahl an Formen. Wie schon bei den Blüten liegt es an uns, diese so einzusetzen, dass ihre Unterschiedlichkeit betont wird.

Die Vielfalt kommt daher, dass Pflanzen Licht benötigen. Deshalb haben sie in schattigen Lebensräumen große Blätter entwickelt, mit denen sie möglichst viele der spärlichen Sonnenstrahlen auffangen können, die durch die Bäume bis zum Boden gelangen. Anders sieht es an sonnigen, heißen Standorten aus: Hier ist so viel Licht vorhanden, dass den Pflanzen winzige Blätter ausreichen, die in manchen Fällen sogar grau behaart sind, um der Sonne standhalten zu können.

Die Form verrät daher den Standort: Große, üppige Blätter egal welcher Pflanze sind nie in der Sonne, sondern stets im Halbschatten oder Schatten zu Hause. Sie benötigen außerdem eine zuverlässige Wasserversorgung, da große Blätter viel Wasser verdunsten und daher genug Nachschub von unten gegeben sein muss. Es wäre sinnlos und auch nicht stimmig, solche Pflanzen in voller Sonne anzusiedeln – nur die wenigsten würden überleben und diese würden nicht schön anzusehen sein, denn große Blätter bekommen in der Sonne leicht Sonnenbrand. Sucht man den richtigen Standort, so sticht die Feuchtigkeit im Boden die Lichtsituation. Das bedeutet, dass bei feuchten Böden auch deutlich hellere Standorte möglich sind, wohingegen auf trockenen, durchlässigen Böden schon ganz wenige Sonnenstrahlen Blätter zum Verdorren bringen.

Da die Gegenüberstellung von feinem und grobem Laub aber auch im Kleinen funktioniert, kann man dieses Thema ebenso in der Sonne einsetzen – doch mit weniger extremen Blattunterschieden als im Schatten. Daher sind die größten Blätter für die Sonne die der Bergenien – robuste Stauden, deren Verwendung völlig zu Unrecht auf das öffentliche Grün beschränkt wird.

Das Grundprinzip bei der Gestaltung mit Blattstauden lautet Kontrast: Wenn Sie große, runde Blätter wie die des Schaublatts (*Astilboides tabularis*) mit Farnen kombinieren, steht Ihnen – ganz ohne Blüten – ein ausdrucksstarkes Duo zur Verfügung, das im Halbschatten ab Mai bis in den Herbst hinein die Blicke auf sich ziehen wird. Ähnliche Partner sind *Hosta* (großes Laub), Farne (feingliedriges Laub) und Schattengräser (sehr schmale Blätter) oder Kaukasusvergissmeinnicht (*Brunnera*, großes Laub) und Christrosen (*Helleborus*, großes, gefingertes Laub) zusammen mit Schaumblüte (*Tiarella*).

In der Sonne kann eine Kombination ähnlich aussehen: Bergenien (großes Laub) mit Gräsern (feines Laub), Katzenminze (*Nepeta*, weiches, üppiges Laub) und Astern (dunkles, kompaktes Laub; späte Blüte) verbunden ist eine kleine, feine Zusammenstellung, die das ganze Jahr über etwas zu bieten hat. Ergänzt man um Wolfsmilch (*Euphorbia*) und um Frühlingsblüher, ist bereits eine größere Fläche verplant.

Feingliedriges, zartes Laub für die Sonne	
Blausternbusch	*Amsonia*
Eberraute	*Artemisia*
Gemüse-Spargel	*Asparagus officinalis*
Wolfsmilch	*Euphorbia*
Fenchel	*Foeniculum vulgare*
Geißraute	*Galega*
Wiesenknopf	*Sanguisorba*
Wiesenraute	*Thalictrum*
etliche Gräser	

Schatten	
Wald-Geißbart	*Aruncus dioicus*
Prachtspiere	*Astilbe*
Lerchensporn	*Corydalis*
etliche Farne	

Große, auffällige Blätter	
Tafelblatt	*Astilboides tabularis*
Bergenie	*Bergenia*
Kaukasusvergissmeinnicht	*Brunnera macrophylla*
Schildblatt	*Darmera peltata*
Funkien	*Hosta* 'Sum and Substance' und weitere
Greiskraut	*Ligularia* (diverse)
Federmohn	*Macleaya cordata*
Staudenknöterich	*Persicaria amplexicaule*
Schaublatt	*Rodgersia (diverse)*
Chinesischer Zier-Rhabarber	*Rheum palmatum*

Spitzes, schmales Laub	
Schwertlilie	*Iris*
Palmlilie	*Yucca filamentosa*
Taglilie	*Hemerocallis*
Montbretie	*Crocosmia*, z.B. 'Lucifer'
viele Gräser mit breiterem Laub	

VON LINKS OBEN IM UHRZEIGERSINN Das Hellblau der Rasselblume (*Catananche caerulea*) bildet mit dem Gelbgrün des Frauenmantels (*Alchemilla mollis*) eine leuchtende Verbindung. | Kaukasusvergissmeinnicht (*Brunnera macrophylla*) vor einer Rhododendronblüte. | Trotz Wuchern: Der Trichterfarn (*Matteuccia struthiopteris*) beeindruckt. | Manchmal sind auch abgefallene Blüten ein Hingucker (*Geranium* 'Rozanne' auf einem Blatt von *Hosta* 'Francee'). | Die Herbstfärbung mancher Stauden ist auffälliger als die Blüte, allerdings währt sie meist nur kurz: Hier leuchtet die Sumpf-Wolfsmilch (*Euphorbia palustris* 'Walenburg's Glory') vorm Winter noch einmal auf.

Die Rolle der Farbe

Obwohl ein Beet aus mehr besteht als nur aus Farben, so sind sie für den Betrachter doch der auffälligste Eindruck. Neben klaren Farben blühen Stauden in allen erdenklichen Zwischentönen, die von Lichteinfall, Umgebungsfarben sowie Jahres- und Tageszeit beeinflusst werden und sich einer objektiven Beschreibung oft entziehen. Ob zwei Farben als harmonisch oder eher als unangenehm empfunden werden, ist daher eine persönliche Frage. Deshalb gilt auch hier: Erlaubt ist, was gefällt.

Farben und ihre Wirkung

Farben haben auf uns unterschiedliche Wirkungen. Die Grundprinzipien werden jedoch auch in der Werbung, bei Inneneinrichtungen und der Gestaltung öffentlicher Gebäude angewandt. Betrachtet man alle Farben, ergeben sich zwei Bereiche: warme und kühle Farben. Erstere erstrecken sich von Rot bis Gelb, mit den Orangetönen inmitten, weitere umfassen die gegenüberliegende Seite des Farbkreises mit den Bereichen von Grün über Blau bis Violett.

Während warme Farben in den Vordergrund drängen, leuchten und in einer Pflanzung dominant wirken, treten kühle Farben optisch zurück. Da der Großteil der Pflanzen grünes Laub trägt, fügen sich kühle Farben wie Blau gut ins ebenfalls kühle Grün der Umgebung ein – eine zurückhaltende Gestaltung entsteht. Ergänzen wir diese Farbtöne um weiße Blüten, die solche Szenerien aufhellen, entstehen harmonische, ruhige Kombinationen, die durch das Weiß auffallen, ohne sich aufzudrängen.

Für die Gestaltung mit Farben ist zudem bedeutend, wie sie sich auf das Raumgefühl auswirken: Warme Farben springen einem optisch entgegen und wirken näher, wodurch kleine Gärten als noch enger empfunden werden. Kühle Farben hingegen lassen Distanz entstehen – so wie entfernte Berge im Dunst blau aussehen – und können bewusst eingesetzt werden, um schmale Beete tiefer und kurze Gärten weiter erscheinen zu lassen.

Die stärksten Kontraste ergeben sich zwischen Komplementärfarben. Nebeneinander verwendet, verstärken sie sich gegenseitig und ziehen unsere Blicke auf sich. Bekannte Paare sind Gelb und Blau sowie Rot und Grün, aber auch Blau und Orange oder Pink und Hellgrün wirken ähnlich. Solche Farben setzen Akzente – sie schreien um Aufmerksamkeit – und brauchen eine ruhige Umgebung, um wirken zu können. Drei Ideen zur Farbverwendung werden in Gärten besonders oft gepflanzt:

Ton in Ton

Wer gerne in Gartenbüchern und Gartenzeitschriften schmökert, wird bemerken, dass harmonische, kontrastarme Pflanzungen im Trend liegen. »Romantische« Gärten etwa, in denen ausschließlich kühle Farben und die direkt an sie anschließenden Nachbarfarben (Rosa bis Gelbgrün) Verwendung finden; warme Farben wie Rot oder Gelb und leuchtende Töne des jeweiligen Farbkreissegments werden ausgespart. Bei diesen pastellfarbigen Kombinationen wird überwiegend mit den Farben Rosa, Weiß, Violett und Lila gearbeitet, da sie untereinander verträglich sind und von der Kombination mit weißen Blüten und silberfarbigem, aber auch purpurnem Laub profitieren. Je weniger farbliche Ausreißer ein Beet aufweist, desto »edler« wirkt es. Anlagen, die Ton in Ton gestaltet werden, benötigen gute Planung und eine durchdachte Verteilung der verwendeten Farben, da bei vielen ähnlichen Farben die Gefahr der Eintönigkeit besteht. Es ist daher notwendig, entweder innerhalb der verwendeten Farben mit Kontrasten zwischen Hell und Dunkel zu arbeiten (Rosa und Weiß, Pink oder Violett als Hingucker) oder die Spannung mit Blattfarben, Laubstrukturen und Blütenformen aufzubauen.

Wer farbliche Akzente setzen möchte, fügt an wenigen Stellen pink- oder purpurfarbene Stauden ein, deren Farbton aber stets näher am Blau als am Orange liegen sollte. Gut geeignet sind die Witwenblume (*Knautia macedonica*) oder verschiedene Storchschnabel-Arten wie *Geranium psilostemon* mit den Sorten 'Ivan' oder 'Patricia'. Möchte man diesen Effekt noch verstärken, so siedelt man in direkter Nähe weiße Stauden an.

Gerät ein Beet mit blauen oder violetten Blüten zu dunkel, kann man mit silbernem Laub, weißen Blüten oder gelbgrünen Pflanzen wie Frauenmantel (*Alchemilla*) und Wolfsmilch (*Euphorbia*) gegensteuern: Hellgrüne und besonders gelbgrüne Farbtöne erscheinen in Verbindung mit dunklem Violett und kühlem Lila interessanterweise besonders kräftig, ohne die Farbharmonie zu zerstören.

Einfarbige Gärten

Als gestalterische Krönung und zu den schwierigsten Unterfangen gehört die Anlage eines Beets oder gar eines Gartens, in dem nur eine einzige Farbe vorkommt. Populär sind besonders weiße Gärten, die sich am berühmten Sissinghurst Garden orientieren, aber auch Beete mit ausschließlich feurigen Farben sind beliebt. Für kleine Gärten oder formal gehaltene Vorgärten ist die Verbannung jeglicher Farbe und die Konzentration auf Form und Pflanzengestalt eine praktikable Lösung, um mit wenig Platz zu starker Wirkung zu gelangen.

Aber auch ein Großstaudenbeet nur mit weißen Pflanzen ist ein herrlicher Anblick. Das Angebot an weißblühenden Stauden ist mittlerweile so umfangreich geworden, dass sämtliche Blütenformen auch in weißen Varietäten erhältlich sind. Da Weiß bei Pflanzen ohnehin immer zusammen mit Grün auftritt, leuchtet es von alleine und benötigt nicht unbedingt eine Farbe als Partner. Bei Staudenbeeten ganz in Weiß ist es wichtig, Blütenform und Habitus gezielt einzusetzen, damit der Anblick abwechslungsreich bleibt. Weiße Blütenkerzen zu Dolden, Blütenwolken und prachtvollen Einzelblüten ergeben traumhafte Kombinationen. Da die Wirkung eines weißen Beets durch eine bunte Umgebung zerstört würde, bieten sich schmale Beete am Haus, kleine Gartenzimmer oder Beete in Einzelstellung besonders für dieses Thema an.

Gestalten mit Kontrasten

Völlig im Gegensatz zu den harmonischen Anlagen präsentieren sich Beete, die mit starken Kontrasten gestaltet werden. Dazu gehören farbliche Zwei- und Dreiklänge, die Blütenfarben aus verschiedenen Farbbereichen verwenden und mit Weiß und Laubfarben diese Kontraste entweder glätten oder sogar verstärken. Bei Stauden stehen uns so viele Zwischentöne zur Verfügung, dass farbliche Spannungen sowohl ganz sanft aufgebaut als auch mit einem Knalleffekt umgesetzt werden können. Ein Beispiel ist die Verwendung der Farbe Gelb in rosa-violetten Pflanzungen: Leuchtendes Gelb wirkt hier rasch grell und deplatziert; ein dezentes Gelbgrün, wie das von Frauenmantel (*Alchemilla*), erscheint hingegen aufhellend. Auch cremegelbe Blüten wie die der Färberkamille (*Anthemis tinctoria*) 'Sauce Hollandaise' ordnen sich harmonisch in eine Pflanzung ein.

Bei der Verwendung von Kontrasten muss vorsichtig vorgegangen werden. Meint man es zu gut und verwendet zu viele unterschiedliche Farben, wird ein Beet unruhig und die einzelnen Pflanzen gehen unter. Wer es bunt mag, aber trotzdem Ruhe einbringen möchte, kann Stauden wiederholen. Ob es sich dabei um eine Blütenpflanze oder eine Blattschmuckstaude handelt, ist nebensächlich – wichtig ist

OBEN An trockenen Standorten gibt es viele kleinblütige Stauden, wie die heimische Graslilie (*Anthericum ramosum*). Mit Kugelköpfigem Lauch (*Allium sphaerocephalon*) bildet sie Anfang Juli eine luftige Verbindung.

MITTE Für Kombinationen mit verschiedenen Nuancen der Farbe Rosa bieten sich zahlreiche Sorten der Flammenblume an. Gemeinsam mit Indianernesseln, Geißrauten, Duftnesseln und genügend grünem Beiwerk entsteht so schon ein Jahr nach der Pflanzung der Eindruck einer länger bestehenden Beetfläche.

UNTEN Die Form von Flachblatt-Mannstreu (*Eryngium planum*) und Kugelköpfigem Lauch (*Allium sphaerocephalon*) steht im Kontrast zum Wimper-Perlgras (*Melica ciliata*) und zum Storchschnabel (*Geranium* 'Red Admiral').

die regelmäßige Aufnahme einer Farbe, sodass das Auge zwischen den kontrastreichen Beetteilen immer wieder etwas Bekanntes findet, bei dem es ausruhen kann. Einen ähnlichen Effekt erzielt einheitlicher Rasen oder die beliebte Buchshecke in Bauerngärten: Beide bilden stille, gleichmäßige Ruhepole, die in der Gegenüberstellung mit üppiger, über die Beetränder hinauswogender Bepflanzung Blickachsen lenken, Wege markieren und ordnend wirken.

Staudenlisten, nach Farben geordnet

Die folgenden Listen sind nur ein kleiner Überblick über die erhältliche Vielfalt. Natürlich gäbe es für jede Farbe noch viele weitere Beispiele. Gerade bei den weißen Stauden ist die Auswahl enorm, da sich von vielen Arten weißblühende Varianten in Gartenkultur befinden. Pro Farbe sind daher nur einige angeführt, die als gartenwürdig empfohlen werden können und die auch aufgrund ihrer weiteren Eigenschaften gut in Beete passen.

Symbolerklärung für nachfolgende Tabellen

- ✻ Blütezeitpunkt
- ☼ Standort Sonne
- ◐ Halbschatten
- ● Schatten

Weiße Stauden

Deutscher Name	Botanischer Name	Blütezeit	Höhe	Standort	Blütenform, Wuchs
Kugel-Lauch	*Allium* 'Mount Everest'	V–VI	100–120 cm	☼	runde Blüten, schlank
Herbst-Anemone	*Anemone × hybrida* 'Honorine Jobert'	IX–X	100–120 cm	◐–☼	Massenblüher, breit
Geißbart	*Aruncus dioicus*	V–VI	120–140 cm	◐	Blütenwolken, buschig
Herbst-Aster	*Aster* (in Sorten)	VIII–X	10–150 cm	☼	Massenblüher
Wald-Glockenblume	*Campanula macrantha* var. *latifolia* 'Alba'	VI–VII	80–120 cm	◐	aufrechter Wuchs
Spornblume	*Centranthus ruber* 'Alba'	V–VIII	40–100 cm	☼	Massenblüher
Aufrechte Waldrebe	*Clematis recta*	VI–VII	100–140 cm	☼–◐	Blütenwolken, rankend
Purpur-Sonnenhut	*Echinacea purpurea* (in Sorten)		80–120 cm	☼	auffällige Blüte
Wasserdost	*Eupatorium maculatum* 'Bartered Bride'	VI–VII	140–200 cm	☼–◐	Dolden
Blutstorchschnabel	*Geranium sanguineum* 'Album'	V–IX	40–50 cm	☼	Massenblüher
Dreiblattspiere	*Gillenia trifoliata*	V–VI	80–120 cm	●–◐	schwebende Blüten
Schleierkraut	*Gypsophila paniculata*	VI–VII	60–80 cm	☼	Blütenwolken
Oktober-Margerite	*Leucanthemella serotina*	IX–X	120–160 cm	☼	Massenblüher
Vexiernelke	*Lychnis coronaria* 'Alba' **(5)**	VII–VIII	60–120 cm	☼	Massenblüher
Indianernessel	*Monarda* 'Snow Queen'	VI–VII	100–140 cm	☼	rundliche Blütenstände
Staudenknöterich	*Persicaria amplexicaule* 'Alba'	VI–X	120–150 cm	☼–◐	Kerzen, ausladend
Flammenblume	*Phlox*	VI–VIII	60–140 cm	☼–◐	dichte Blütenstände
Jakobsleiter	*Polemonium caeruleum* 'Alba' **(1)**	V–VII	50–120 cm	☼–◐	aufrecht
Wiesenknopf	*Sanguisorba canadense*	VII–VIII	140 cm	☼	Blütenkerzen, Blütenwolken (und weitere Arten)
Fetthenne	*Sedum spectabile* 'Iceberg'	VIII–X	50–60 cm	☼	Tellerblüten, horizontal
Mutterkraut	*Tanacetum parthenium* **(3)**	V–VIII	50–120 cm	☼–◐	Massenblüher, breit
Wiesenraute	*Thalictrum delavayi* 'Album'	VII–VIII	120–140 cm	☼–◐	Blütenwolken
Schaumblüte	*Tiarella cordifolia* (und weitere Arten)	IV–V	15–20 cm	●–◐	bodendeckend, Kerzen
Baldrian	*Valeriana* (verschiedene)	V–VII	120–160 cm	☼–◐	Dolden
Königskerze	*Verbascum blattaria* 'Albiflora'	VI–VIII	120–150 cm	☼	Kerzen
Stauden-Ehrenpreis	*Veronicastrum virginicum* 'Diana'	VI–VIII	100–120 cm	☼	Kerzen, breiter Wuchs

Blaue und blauviolette Stauden

Deutscher Name	Botanischer Name	Blütezeit	Höhe	Standort	Blütenform, Wuchs
Eisenhut	*Aconitum napellus*	VII–VIII	60–90 cm	◐	breite Kerzen, aufrecht
Ochsenzunge	*Anchusa azurea*	VI–VIII	100–120 cm	☼	Kerzen, aufrecht, schlank
Indigolupine	*Baptisia australis*	VI–VII	100–120 cm	☼	Kerzen
Kaukasusvergissmeinnicht	*Brunnera macrophylla*	IV–VI	30–50 cm	●–◐	Blütenwolken, Blattschmuck
Berg-Flockenblume	*Centaurea montana* **(2)**	V–VI	50 cm	☼–◐	halbrunder Wuchs
Rittersporn	*Delphinium*	VI–IX	100–180 cm	☼	aufrecht, breite Kerzen
Storchschnabel	*Geranium* 'Rozanne', **(4)** 'Johnson's Blue'	V–X	40–60 cm	☼–◐	breit, ausladend
Schwertlilie	*Iris* (verschiedene Sorten)	V–VI	40–120 cm	☼	auffällige Blüte
Gemeiner Lein	*Linum usitatissimum*	V–VII	80–120 cm	☼	Blütenwolken
Gedenkemein	*Omphalodes verna*	III–IV	10–15 cm	◐–●	bodendeckend
Blauraute	*Perovskya* 'Blue Spire'	VII–VIII	120–140 cm	☼	Blütenwolken
Blausternchen	*Scilla sibirica*	III	10 cm	●–◐–☼	Frühblüher, zieht ein
Mannstreu	*Eryngium planum*	VII–VIII	40–60 cm	☼	kugelig, Blütenwolken
Traubenhyazinthe	*Muscari armeniacum*	III–IV	15 cm	☼–◐	Kerzen, zieht ein

1

2

3

4

5

Violette und lila Stauden

Deutscher Name	Botanischer Name	Blütezeit	Höhe	Standort	Blütenform, Wuchs
Duftnessel	*Agastache*	VI–IX	80–140 cm	☼	große Auswahl an Sorten
Prärielilie	*Camassia* (diverse)	V–VII	70–120 cm	☼	Kerzen, ziehen ein
Riesen-Glockenblume	*Campanula lactiflora*	VI–VIII	100–140 cm	☼	Massenblüher
Storchschnabel	*Geranium* 'Spinners', *G.* 'Nimbus'	V–VII	50–80 cm	☼	Massenblüher, ausladend
Sibirische Iris	*Iris sibirica*	V–VI	60–120 cm	☼–◐	auffällige Blüten
Sommeraster	*Kalimeris incisa*	VI–IX	80–100 cm	☼	Massenblüher
Lavendel	*Lavandula*	VI–VII	40–60 cm	☼	buschig, Massenblüher
Prachtscharte	*Liatris spicata*	VII–VIII	50–70 cm	☼	Kerzen
Katzenminze	*Nepeta* (verschiedene)	V–VIII	40–120 cm	☼	lockere Kerzen, Massenblüher
Jakobsleiter	*Polemonium caeruleum*	V–VII	50–120 cm	◐–☼	aufrecht, auffällig
Steppen-Salbei	*Salvia nemorosa* (und weitere)	VI–VII	30–50 cm	☼	Kerzen, schlank
Tauben-Skabiose	*Scabiosa columbaria*	VII–IX	50–70 cm	☼	Blütenwolken, kugelig
Wiesenraute	*Thalictrum rochebrunianum*	VII–VIII	150–200 cm	☼–◐	Blütenwolken
Dreimasterblume	*Tradescantia*	V–VII	40–60 cm	☼–◐	buschig
Lanzen-Eisenkraut	*Verbena hastata*	VII–IX	120–180 cm	☼–◐	sät sich aus, lockere Kerzen
Arkansas-Schirmaster	*Vernonia crinita*	VI–IX	150–200 cm	☼	Blütenteller

Rosa und pinkfarbene Stauden

Deutscher Name	Botanischer Name	Blütezeit	Höhe	Standort	Blütenform, Wuchs
Garten-Kerzen-Spiere	*Astilbe chinensis* var. *taquetii* 'Purpurlanze'	VI–VIII	80–120 cm	◐	breite Kerzen
Sterndolde	*Astrantia major* 'Roma'	V–VII	70–100 cm	☼–◐	kugelige Blüten
Bergenie	*Bergenia* **(5)** (diverse Sorten)	III–IV	30–50 cm	☼–◐	auffällige Blüte
Spornblume	*Centranthus ruber* **(4)**	V–VIII	60–120 cm	☼	lockere Kerzen
Hohler Lerchensporn	*Corydalis cava*	III–IV	15–25 cm	☼–◐–●	Bodendecker, zieht ein
Frühlings-Alpenveilchen	*Cyclamen coum*	II–IV	10 cm	◐–●	Massenblüher, zieht ein
Schildblatt	*Darmera peltata* **(3)**	IV–V	60–100 cm	◐	große, einzelne Dolden
Tränendes Herz	*Dicentra spectabilis*	IV–V	60–100 cm	●–◐	buschig
Fingerhut	*Digitalis purpurea*	VI–VII	80–140 cm	◐–●	breite Kerzen
Schmalblättriges Weidenröschen	*Epilobium angustifolium*	VI–VII	120–160 cm	☼–◐	wuchert!
Elfenblume	*Epimedium grandiflorum* 'Rose Queen' **(1)** und weitere	III–V	20–30 cm	●–◐	bodendeckend
Armenischer Storchschnabel	*Geranium psilostemon*	V–VII	80–140 cm	☼–◐	und weitere Sorten ('Sirak' *G.* × *oxonianum*, *Geranium sylvaticum* 'Coquelle Lilac' **(2)**
Vexiernelke	*Lychnis coronaria*	VI–VIII	80–100 cm	☼	Massenblüher
Blut-Weiderich	*Lythrum salicaria*	VI–VIII	80–140 cm	☼–◐	Blütenkerzen
Blumen-Dost	*Origanum laevigatum* 'Herrenhausen'	VII–IX	40–60 cm	☼	lockere Dolden
Pfingstrose	*Paeonia* × *lactiflora*	V–VI	60–100 cm	☼–◐	auffällige Blüten
Bartfaden	*Penstemon* (verschiedene)	VI–IX	30–50 cm	☼	lockere Kerzen
Schlangenknöterich	*Persicaria bistorta*	V–VIII	60–80 cm	☼–◐	Kerzen
Flammenblume	*Phlox*	VI–VIII	60–440 cm	☼–◐	auffällige Blüten
Rote Lichtnelke	*Silene dioica*	IV–VI	40–120 cm	☼–◐	Blütenwolken
Ziest	*Stachys macrantha*	VI–VIII	40–50 cm	☼	lockere Kerzen
Akeleiblättrige Wiesenraute	*Thalictrum aquilegifolium*	V–VI	80–120 cm	●–◐	Blütenwolken

1

2

3

4

5

Rote Stauden

Deutscher Name	Botanischer Name	Blütezeit	Höhe	Standort	Blütenform, Wuchs
Schafgarbe	*Achillea* (verschiedene Sorten)	VI–VIII	40–80 cm	☼	Blütenteller
Montbretie	*Crocosmia* 'Lucifer' **(2)**	VII–IX	80–100 cm	☼	auffällige, aufrecht
Staudenknöterich	*Persicaria amplexicaule* 'Firetail'	VI–IX	80–140 cm	☼–◐	Kerzen, buschig
Purpurglöckchen	*Heuchera*	V–VII	30–50 cm	●–◐	Blütenwolken, Beetabschluss
Indianernessel	*Monarda* (verschiedene Sorten)	VI–VIII	80–160 cm	☼	auffällige, rundliche Blüten
Taglilie	*Hemerocallis* (verschiedene Sorten)	VI–VIII	50–100 cm	☼–◐	auffällige Blüten
Türkischer Mohn	*Papaver orientale* 'Beauty of Livermere'	VI–VII	80–120 cm	☼	auffällige Einzelblüten
Rote Margerite	*Tanacetum coccineum* (verschiedene Sorten)	V–VII	80–100 cm	☼	Einzelblüten

Orange Stauden

Deutscher Name	Botanischer Name	Blütezeit	Höhe	Standort	Blütenform, Wuchs
Wucherblume	*Chrysanthemum* (verschiedene Sorten)	X–XI	50–60 cm	☼	Massenblüher
Wolfsmilch	*Euphorbia griffithii* 'Dixter'	V–VII	60–80 cm	☼	doldenartig
Kaiserkrone	*Fritillaria imperialis* **(5)**	IV–V	60–120cm	☼–◐	zieht ein
Nelkenwurz	*Geum* 'Bell Bank' **(1)** und viele weitere Sorten	V–VII	40–50 cm	☼–◐	Massenblüher, Beetabschluss
Sonnenbraut	*Helenium* **(3)**	VII–IX	80–140 cm	☼	Massenblüher
Taglilie	*Hemerocallis*	VI–VIII	80–120 cm	☼–◐	auffällige Blüten
Fackellilie	*Kniphofia*	VI–VIII	90–130 cm	☼	dicke Kerzen
Riesen-Türkenbund	*Lilium henryi*	VII–VIII	140–180 cm	☼–◐	auffällige Blüten
Brennende Liebe	*Lychnis calcedonica*	VI–VIII	100–120 cm	☼	Tellerblüten
Federmohn	*Macleaya* (verschiedene)	VII–VIII	120–200 cm	☼–◐	Blütenwolken, wuchert!

Gelbe Stauden

Deutscher Name	Botanischer Name	Blütezeit	Höhe	Standort	Blütenform, Wuchs
Färberkamille	*Anthemis tinctoria*	VI–IX	40–60 cm	☼	Massenblüher, buschig
Junkerlilie	*Asphodeline lutea*	V–VII	60–100 cm	☼	Kerzen, aufrecht
Sonnenauge	*Coreopsis* (diverse)	VIII–IX	40–60 cm	☼	Massenblüher, buschig
Elfenblume	*Epimedium × perralchicum* 'Frohnleiten'	IV–V	40 cm	●–◐	Massenblüher, bodendeckend
Wolfsmilch	*Euphorbia* (diverse)	IV–VIII	40–140 cm	☼–◐	buschig, schöne Farbe
Sonnenblume	*Helianthus* (verschiedene)	VIII–IX	120–180 cm	☼	Massenblüher, buschig
Sumpf-Schwertlilie	*Iris pseudacorus*	V–VII	80–120 cm	☼	auch in Beeten möglich
Greiskraut	*Ligularia* (diverse)	VII–IX	80–150 cm	☼–◐	Kerzen
Gold-Felberich	*Lysimachia punctata*	VI–VIII	50–80 cm	☼–◐	Kerzen, wuchert
Kambrischer Scheinmohn	*Meconopsis cambrica*	V–VII	30–60 cm	●–◐	Einzelblüten, buschig
Nachtkerze	*Oenothera* (verschiedene)	VI–VII	40–100 cm	☼	Massenblüher, wuchert
Goldbaldrian	*Patrinia scabiosifolia*	VII–IX	70–120 cm	☼	Dolden
Brandkraut	*Phlomis russeliana*	VI–VII	80–120 cm	☼	Lockere Kerzen, Etagen
Präriesonnenhut	*Ratibida pinnata*	VIII–IX	100–120 cm	☼	Massenblüher
Sonnenhut, Rudbeckie	*Rudbeckia fulgida*	VIII–IX	80–100 cm	☼	Massenblüher
Gelbe Nachtviole	*Sisymbrium luteum*	VI–VIII	100–150 cm	◐–☼	Blütenwolken
Goldrute	*Solidago* (diverse)	VIII–IX	60–160 cm	☼–◐	wuchern zum Teil
Trollblume	*Trollius europaeus*	V–VI	60–100 cm	☼–◐	Kugelblüten, feuchte Böden
Große Telekie	*Telekia speciosa* **(4)**	VII–VIII	120–160 cm	☼–◐	große, auffällige Blüten

1

2

3

4

5

Blattfärbung

Was wäre ein Schattenbeet ohne die Blätter der Funkien und die Wedel der Farne? Was in lichtarmen Situationen selbstverständlich ist, gilt auch für alle anderen Bereiche des Gartens: Die Attraktivität eines Beetes kann deutlich erhöht werden, wenn Sie neben der Blüten- auch die Blattfärbung berücksichtigen.

Pflanzen haben meist grüne Blätter. Das hängt mit dem Stoffwechsel der Pflanze zusammen und ist auf das Chlorophyll zurückzuführen, das für die Fotosynthese wichtig ist. Es gibt jedoch Ausnahmen: Manchmal überlagern andere Farbstoffe das Grün und die Blätter sind purpurn oder gelb gefärbt, bei anderen fehlt in Teilen des Blatts das Chlorophyll und es ist weiß oder gelb gestreift; diese Pflanzen sind panaschiert.

Rotes und silbernes Laub ist vielseitig einsetzbar. Es kann Kombinationen verstärken oder beruhigen, eine Pflanzung harmonischer erscheinen lassen oder ihr den nötigen Tick an Spannung verleihen. Bei gelbem Blattwerk und auch bei panaschierten Pflanzen muss man vorsichtiger sein: Manche Blütenfarben beißen sich mit gelben Blättern (Rosa, Orange) und zu viele gestreifte Blätter lassen eine Pflanzung unruhig wirken. In ein Beet eingestreut, können Blattstauden wertvolle Effekte erzielen, da Laub länger sichtbar ist als Blüten und für die ganze Saison eingeplant werden kann. Es steht im Kontrast zu den übrigen Stauden und bildet vor und nach der Blüte interessante Effekte.

Sie sollten aber stets den Stil des Beets im Auge behalten: Wer Kontraste bevorzugt, kann mit rotem oder gelbem Laub leuchtende Verbindungen schaffen, wer es edel und zurückhaltend will, sollte auf kühles Silber zurückgreifen.

Silbernes Laub

Einige Stauden, die in heißen und sonnigen Regionen zu Hause sind, haben sich an diese Verhältnisse angepasst. Ihr Laub ist fester und oft mit einer Wachsschicht versehen oder behaart. Die kleinen Härchen stehen dabei dicht an dicht wie ein Pelz und sind in vielen Fällen silbrig gefärbt, damit das Sonnenlicht reflektiert wird. Besonders diese graue Behaarung macht diese Stauden für uns wertvoll, denn mit silbernem Laub lassen sich hervorragende Kombinationen erzielen. Genauso wie weiße Blüten Beete farblich

auflockern und zwischen Farben vermitteln können, wirkt auch silbernes Blattwerk auf diese Weise. Es belebt Beete, da neben den Blüten auch Kontraste zum grünen Laub der umgebenden Pflanzen erzielt werden können.

Graulaubige Stauden können eine Pflanzung im Handumdrehen edel erscheinen lassen. In weißen Gärten nützt man diesen Effekt und verwendet silberlaubige Pflanzen, um das Weiß der Blüten noch stärker strahlen zu lassen. Eindrucksvoll ist auch die Verwendung silber- und purpurlaubiger Stauden gemeinsam in einem Beet. Verbunden mit Gräsern und einigen wenigen Farbtupfern in Purpur, Cremegelb oder Weiß lassen sich wunderschöne Arrangements erstellen.

Wie auch bei anderen Gewächsen mit farbigem Laub muss auch bei Pflanzen mit silbernen Blättern ausreichende Sonneneinstrahlung vorhanden sein, da das Laub sonst vergrünt. Manche der Pflanzen verlieren mit Fortschreiten der Jahreszeit den silbernen Farbton, was daran liegt, dass sich die Härchen abstoßen. Bei einigen Stauden hilft dann Rückschnitt, so zum Beispiel bei Katzenminze (*Nepeta*), Flockenblumen (*Centaurea*) und Vexiernelken (*Lychnis coronaria*),

LINKE SEITE LINKS Rot gezeichnetes Laub ist selten. Die Sorte 'Lance Corporal' des Hohen Fadenknöterichs (*Persicaria virginiana*) bildet eine Ausnahme. Im Garten von Hermann Gröne verwebt sie sich mit der Zwerg-Herzblume (*Dicentra eximia*) zu einem Teppich.

LINKE SEITE RECHTS Funkien (*Hosta sieboldiana*) mit Salomonssiegel (*Polygonatum* × *multiflorum* 'Weihenstephan') und Farnen bilden ein robustes Trio für den Schatten.

OBEN LINKS Wenn der Echte Wermut (*Artemisia absinthium*) regelmäßig geschnitten wird, ist er eine effektvolle Staude für sonnige Beete, die mit dem Armenischen Storchschnabel (*Geranium psilostemon*) gepflanzt werden kann.

OBEN RECHTS Farne (wie hier *Dryopteris goldiana*) sind als Blattschmuckpflanzen unverzichtbar: Sie sind robust, langlebig und sorgen im Schatten für üppiges Grün, wo andere Stauden sich schwertun.

die dann nicht nur neues Laub, sondern auch wieder Blüten bilden.

Sonne

Die meisten Stauden mit silbernem Laub benötigen Sonne. Sie sind trockenheitsverträglich und finden daher in Kiesgärten und Präriebeeten häufige Verwendung, da graues Laub zwischen anderen Stauden eingestreut aufhellend wirkt und an die flirrende Hitze mediterraner Pflanzengesellschaften erinnert. Gemeinsam mit kleinen Lauch-Arten (*Allium flavum, A. sphaerocephalon*), Katzenminze (*Nepeta*), Wolfsmilch (*Euphorbia*), Blaurauten (*Perovskia*) und verschiedenen Gräsern und Disteln lassen sich pflegeleichte Pflanzungen mit südlichem Flair verwirklichen. Aber auch in ganz gewöhnlichen Staudenbeeten sind silberne Pflanzen oft das Tüpfelchen auf dem i: Der Wollziest (*Stachys byzanthina*) mit seinen wolligen Blättern, die haptisch an Kaninchenohren erinnern, wird gerne für den Beetabschluss verwendet und die herbstblühenden *Sedum*-Arten sind nicht nur wegen ihrer Blüte, sondern auch wegen des grauen Laubs, das sie den Frühling über zeigen, sehr beliebt.

Schatten

Eine Ausnahme beim Wunsch nach Sonne bilden jene silberlaubigen Pflanzen, deren Lebensbereich der Halbschatten und Schatten ist. Es gibt nicht viele, aber sie sind in der Gestaltung von Schattenbeeten von großer Bedeutung, denn sie bieten im Sommer, wo im Schatten wenig blüht, Abwechslung und Helligkeit. Eine Staude sticht dabei hervor und wird seit einigen Jahren gerne gepflanzt: das silberne Kaukasusvergissmeinnicht (*Brunnera macrophylla*) 'Jack Frost'. Mittlerweile gibt es etliche Sorten, die mit silbernem Laub oder stark getupften Blättern sowie blauen oder weißen Blüten im Frühling aufwarten. Sie machen als Einfassungspflanze in formalen Gärten gute Figur, beleben naturnahe Pflanzungen und bestechen durch luftige Blütenwolken im Frühling und großes, auffälliges Blattwerk im Sommer. Wenn sie im Laufe des Jahres unschön werden, reicht ein beherzter Rückschnitt, damit wieder neues Laub erscheint.

Für frischere Böden, die nie ganz austrocknen, bieten sich im Schatten die silberlaubigen Sorten der Lungenkräuter (*Pulmonaria*) an, wie 'Majeste', 'Silver Lance' oder 'Excalibur'. Zusätzlich zum schönen Laub, das in dichten Büscheln gebildet wird und nach außen überhängt, erfreuen diese Stauden mit blauen oder rosa Blüten im Frühling. Probleme können nur bei trockenem Standort und trockener Luft entstehen.

Silber- und graulaubige Stauden – Sonne

Schafgarbe	*Achillea* (diverse)
Eibisch	*Althaea officinalis*
Perlkörbchen	*Anaphalis* (versch. Arten)
Echter Wermut	*Artemisia absinthium*
Silbriger Garten-Wermut	*Artemisia ludoviciana* 'Valerie Finnis'
Bartblume	*Caryopteris × clandonensis*
Berg-Flockenblume	*Centaurea montana*
Spornblume	*Centranthus ruber* (in Weiß: 'Alba')
Meerkohl	*Crambe maritima*
Elfenbeindistel	*Eryngium giganteum* 'Miss Willmott's Ghost'
Walzen-Wolfsmilch	*Euphorbia myrsinites*
Blau-Schwingel	*Festuca glauca*
Strohblume	*Helichrysum tianshanicum*
Schwertlilie	*Iris barbata* (sämtliche Sorten)
Lavendel	*Lavandula angustifolia*
Vexiernelke	*Lychnis coronaria*
Katzenminze	*Nepeta* (sämtliche Arten und Sorten)
Ruten-Hirse	*Panicum virgatum* 'Heavy Metal'
Blauraute	*Perovskia* 'Blue Spire'
Weinraute	*Ruta graveolens*
Salbei	*Salvia officinalis, S. argentea*
Fetthenne	*Sedum* (verschiedene Sorten)
Wollziest	*Stachys byzanthina* (besonders 'Big Ears')
Dreimasterblume	*Tradescantia × andersoniana* 'Concord Grape'
Gelbe Wiesenraute	*Thalictrum flavum* subsp. *glaucum*
Kandelaber-Königskerze	*Verbascum olympicum*

OBEN Mit seinen schlanken Ausläufern webt sich der Silbrige Garten-Wermut (*Artemisia ludoviciana* 'Valerie Finnis') in sonnigen Beeten zwischen andere Stauden. Als Partner sind robustere Stauden wie Astern oder Färberkamille geeignet, die sich von ein paar Trieben in ihrer Nähe nicht bedrängt fühlen.

MITTE Das purpurne Laub des Wiesen-Kerbels (*Anthriscus sylvestris* 'Ravenswing') erscheint schon früh im Jahr und kann deshalb mit Tulpen, hier die Sorte 'Flaming Spring Green', und Jakobsleiter (*Polemonium caeruelum*) kombiniert werden.

UNTEN Bei den Herbst-Alpenveilchen (*Cyclamen hederifolium*) gibt es unter dem Namen 'Silver Leaf' silberblättrige Auslesen, die neben der frühherbstlichen Blüten im Winterhalbjahr Abwechslung in Schattenbeete bringen.

Schatten	
Regenbogenfarn	*Athyrium niponicum* 'Pictum'
Kaukasusvergissmeinnicht	*Brunnera* 'Jack Frost', 'Looking Glass', 'Mr. Morse'
Frühlings-Alpenveilchen	*Cyclamen coum* 'Silver Leaf'
Herbst-Alpenveilchen	*Cyclamen hederifolium* 'Silver Leaf'
Kapuzen-Herzblume	*Dicentra cucullaria*
Weiße Taubnessel	*Lamium maculatum* 'White Nancy', 'Pink Pewter'
Lungenkraut	*Pulmonaria* 'Majeste'

Rotes Laub

Ganz ähnlich wie silbernes Laub eröffnen rot- und purpurlaubige Stauden neue Wege der Pflanzenkombination. Je nach Pflanzenart können die Blätter braun, bronzefarben, samtig schwarz, lilabraun oder in Schattierungen dazwischen gefärbt sein. Da Farbbeschreibungen subjektiv sind, empfiehlt sich bei Pflanzen dieses Kapitels, sie auf Bildern zu vergleichen oder in einer Gärtnerei selbst zu betrachten, um den Farbton richtig einschätzen zu können.

Für die Gestaltung von abwechslungsreichen Staudenbeeten ist dunkles Laub unentbehrlich: Zwischen grünem Blattwerk wirkt es als Vermittler zwischen ähnlichen Farbtönen wie Rosa, Lila oder Rot. Kombiniert man es hingegen mit roten, gelben oder orangefarbenen Blüten, so bildet das Rot einen dunklen Hintergrund und bringt die Blüten umso mehr zum Leuchten. Zu viele dunkle Blätter auf einmal können jedoch auch düster wirken. In solchen Fällen sollten Sie weiße, cremefarbene oder zartrose Blüten oder silbernes Laub hinzufügen, die das Purpur hervorheben und in dunkler Umgebung selbst besser hervortreten. Auf diese

OBEN Rotes Laub sorgt schon im April für Farbe: Buschwindröschen (*Anemone × lipsiensis*) inmitten von Elfenblumen (*Epimedium* 'Jörg') und Storchschnabel (*Geranium maculatum* 'Espresso').

MITTE Die weiße Schaumblüte (*Tiarella cordifolia*) kommt neben der Süßen Wolfsmilch (*Euphorbia dulcis* 'Chamäleon') besonders gut zur Geltung.

UNTEN Diese Szenerie zieht ihren Reiz aus dem roten Laub des Schaublatts (*Rodgersia podophylla* 'Rotlaub') und des Bronze-Felberichs (*Lysimachia ciliata* 'Firecracker') im Hintergrund, das in den Stängeln der Farne noch einmal vorkommt.

Art und Weise lassen sich Beete erschaffen, in denen nicht nur Blüten eine wichtige Rolle spielen, sondern auch das Laub und dessen Färbung.

Wichtig ist, bei allen rotblättrigen Stauden einen sonnigen Standort sicherzustellen, um ein Vergrünen der Blätter zu verhindern. Die Intensität der Laubfärbung wechselt je nach Art und Jahreszeit. Manche der angeführten Pflanzen treiben bereits rot aus und verblassen später (*Rodgersia, Ligularia*), andere erscheinen im Frühling noch in Grün und intensivieren die Rotfärbung erst mit zunehmendem Alter (*Actaea, Ageratina*).

Rotlaubige Stauden	
Silberkerze	*Actaea simplex* 'Brunette', 'James Compton'
Wiesen-Kerbel	*Anthriscus sylvestris* 'Ravenswing'
Rotblättrige Japanpetersilie	*Cryptotaenia japonica* f. *atropurpurea*
Rotschleierfarn	*Dryopteris erythrosora*
Ageratumdost	*Ageratina altissima* 'Chocolate'
Mandelblättrige Wolfsmilch	*Euphorbia amygdaloides* 'Purpurea'
Süße Wolfsmilch	*Euphorbia dulcis* 'Chamäleon'
Bronze-Fenchel	*Foeniculum vulgare* 'Purpureum'
Echter Salbei	*Salvia officinalis* 'Purpurascens'
Storchschnabel	*Geranium maculatum* 'Espresso', 'Elisabeth Ann'
Wiesen-Storchschnabel	*Geranium pratense* 'Reiter-Strain'
Purpurglöckchen	*Heuchera* (verschiedene)
Blutgras	*Imperata cylindrica* 'Red Baron'
Japanischer Goldkolben	*Ligularia dentata* 'Desdemona', 'Othello'
Bronze-Felberich	*Lysimachia ciliata* 'Firecracker'
Schlangenbart	*Ophiopogon planiscapus* 'Nigrescens'
Bronze-Bartfaden	*Penstemon digitalis* 'Husker Red'
Knöterich	*Persicaria microcephala* 'Red Dragon'
Jakobsleiter	*Polemonium yezoense* 'Purple Rain'
Schaublatt	*Rodgersia podophylla* 'Rotlaub'
Fetthenne	*Sedum* 'Purple Emperor', 'Matrona'
Grönland-Veilchen	*Viola labradorica*

Rotes Laub ermöglicht schöne Kombinationen und ist daher ein beliebter Partner in Beeten. Da es nur wenig hohe Stauden mit roten Blättern gibt, weichen Gartengestalter für den Hintergrund oft auf Sträucher aus. Wer Gehölze in Staudenbeete einplant, sollte mehr Platz freihalten als bei Stauden und bedenken, dass ein Zugang für Schnittarbeiten möglich sein muss. Damit sie Stauden nicht bedrängen, sollten schnittverträgliche Sträucher verwendet werden. Einfach und unkompliziert ist etwa rotblättriger Holunder. Er trägt zusätzlich rosa Blüten, was ihn für Kombinationen sehr interessant macht; Rückschnitt verträgt er gut. Ähnlich einfach zu halten ist auch die Blasenspiere (*Physocarpus opulifolius* 'Diabolo') – zusammen mit Sumpfwolfsmilch (*Euphorbia palustris*) wirkt sie im Frühsommer überwältigend. Wichtig ist, den von den Gehölzen erzeugten Schatten in die Pflanzung einzuplanen und Stauden, die Sonne benötigen, in ausreichendem Abstand zu pflanzen.

Sträucher mit roten Blättern, für Beete geeignet

Fächer-Ahorn	*Acer palmatum* 'Atropurpureum'
Rotblättriger Judasbaum	*Cercis canadensis* 'Forest Pansy'
Blut-Hasel	*Corylus maxima* 'Purpurea'
Perückenstrauch	*Cotinus coggygria* 'Royal Purple', *C. drummeri* 'Grace' (und andere)
Blasenspiere	*Physocarpus opulifolius* 'Diabolo'
Pflaume	*Prunus* (diverse)
Schwarzer Holunder	*Sambucus nigra* 'Black Lace', 'Gerda', 'Black Beauty'
Weigelie	*Weigelia florida* 'Purpurea'

Gelbes Laub

Gelbe Blätter sind im Garten meistens kein gutes Zeichen: Entweder leidet eine Pflanze Mangel oder sie welkt. Es gibt jedoch Ausnahmen, und das sind Stauden, deren natürliche Blattfärbung gelb oder gelbgrün ist. Viel mehr als bei silbernem und rotem Laub ist es Geschmackssache, ob man eine solche Färbung überhaupt attraktiv und für Kombinationen interessant empfindet oder nur an eine kranke Staude erinnert wird. Dabei kommt es auf den Farbton an: Einige Stauden wirken in der Tat wie mit Nährstoffen unterversorgt, andere tragen leuchtend gelbes oder limonengrünes Blattwerk, weitere treiben nur im Frühling gelb aus und vergrünen danach. Man sollte daher – wie schon vorher bei den rotlaubigen Pflanzen empfohlen – diese Stauden am besten mit eigenen Augen betrachten und dann entscheiden, ob man sie mag. Tatsache ist, dass gelbes Laub sehr belebend wirken kann und in Verbindung mit dunklen Farben wie Violett, Purpur oder Rot interessante Aspekte bietet. Rosa und Gelb sind hingegen schlechte Partner und sollten nach Möglichkeit vermieden werden.

Gelbes Laub ist besonders im Schatten von Bedeutung. Hier sind es vor allem *Hosta*, die in ihren verschiedenen Erscheinungsformen auch mit Gelb Farbe ins Dunkle bringen. Gelbe Blätter wirken im Schatten wie Sonnenstrahlen und können in dunklen Ecken, wo blühende Pflanzen nicht mehr gut gedeihen würden, großzügig verwendet werden. Es gibt unzählige gelbe Sorten bei den *Hosta* – ihr Vorteil ist eine hohe Akzeptanz für Sonne –, sie färben dort besonders schön aus und tragen nicht nur gelbgrünes, sondern leuchtend gelbes Laub. Besonders die riesige Sorte 'Sum and Substance' kann in Verbindung mit Schaublatt (*Rodgersia* 'Rotlaub') und Greiskraut (*Ligularia*) an Teichrändern für dschungelartige Atmosphäre sorgen.

Neben *Heuchera*- oder *Heucherella*-Sorten, die von Limonengrün über Gelb bis hin zu Gelborange in vielen Farbnuancen erhältlich sind, fallen besonders gelbe Gräser ins Auge: Das robuste Wald-Flattergras (*Milium effusum* 'Aureum') bietet sich für Flächen an und das beliebte Japan-Waldgras (*Hakonechloa macra*) mit den Sorten 'Aureola' und 'All Gold' bringt zusammen mit blaulaubigen Funkien Licht in den Schatten.

In der Sonne verbrennt gelbes Laub leicht. Stauden, die gelb austreiben, vergrünen daher später und können für dramatische Effekte im Frühjahr mit dunklen Tulpen oder Kugel-Lauch kombiniert werden. Eine Ausnahme ist *Sedum rupestre* 'Angelina', eine gelb- grüne Sorte der Felsenfetthenne. Mithilfe dieser niedrigen, boden-deckenden Staude lassen sich in heißen, sonnigen Beeten zwischen Iris und

LINKS Mit etwas Glück reicht es, einmal eine gelbblättrige Akelei im Garten zu haben, damit immer wieder ähnliche Sämlinge erscheinen.

RECHTS Im Schattengarten von Beth Chatto wachsen viele Horste des Japan-Waldgrases (*Hakonechloa macra* 'Aureola'), wie hier mit großen Funkienblättern und dem feinen Laub der Quirlblättrigen Weißwurz (*Polygonatum verticilliatum*).

RECHTE SEITE LINKS: Im Kontrast mit dem fast schwarzen Laub des Schlangenbarts (*Ophiopogon planiscapus* 'Nigrecens') leuchtet das Japan-Waldgras besonders.

RECHTE SEITE RECHTS Für edle Kombinationen bieten sich weiße Blüten neben panaschiertem Laub an, wie hier Hosta 'Francee' und Tränendes Herz (*Dicentra spectabilis* 'Alba').

Katzenminze interessante Kontraste erzielen, denn sie färbt im Hochsommer in ein leuchtenden Orange-Rot um, das den Winter über erhalten bleibt.

Gelblaubige Stauden

Duftnessel, Anis-Riesenysop	*Agastache rugosa* 'Golden Jubilee'
Akelei	*Aquilegia* 'Mellow Yellow'
Kaukasusvergissmeinnicht	*Brunnera macrophylla* 'Spring Yellow' (vergrünt)
Steife Gold-Segge	*Carex elata* 'Bowles Golden'
Japan-Gold-Segge	*Carex oshimensis* 'Evergold'
Palmwedel-Segge	*Carex muskingumensis* 'Oehme'
Berg-Flockenblume	*Centaurea montana* 'Gold Bullion'
Tränendes Herz	*Dicentra spectabilis* 'Gold Heart'
Mädesüß	*Filipendula ulmaria* 'Aurea'
Storchschnabel	*Geranium* 'Anne Thomson', 'Blue Sunrise' (vergrünt)
Japan-Waldgras	*Hakonechloa macra* 'All Gold', 'Aureola'
Purpurglöckchen	*Heuchera* (viele Sorten)
Funkie	*Hosta* (viele Sorten)
Wald-Hainsimse	*Luzula sylvatica* 'Evergold'
Wald-Flattergras	*Milium effusum* 'Aureum'
Felsen-Fetthenne	*Sedum rupestre* 'Angelina'
Mutterkraut	*Tanacetum parthenium* 'Aureum'

Rainfarn	*Tanacetum vulgare* 'Isla Gold'
Dreimasterblume	*Tradescantia × andersoniana* 'Sweet Kate'
Goldener Baldrian	*Valeriana phu* 'Aurea'

Panaschiertes Laub

Bei gestreiftem Laub scheiden sich häufig die Geister: Während die einen panaschierte Pflanzen schätzen, finden andere Blattwerk mit weißen oder gelben Rändern, Streifen oder ganzen Blattteilen unnatürlich und unruhig. Wieder andere sammeln diese Gewächse, denn in fast allen Pflanzengattungen existieren Panaschierungen. Einige sind jedoch schwachwüchsig und erfordern besondere Aufmerksamkeit. Das liegt daran, dass in den weißen Teilen des Laubs Chlorophyll fehlt und somit weniger Fotosynthese betrieben werden kann. Außerdem verbrennen die helleren Blattteile in der Sonne leicht, weshalb für solche Stauden zumindest ein halbschattiger Standort notwendig ist.

Für Beete geeignet sind vor allem Sorten mit großen Blättern, da so die Zeichnung deutlich wird. Bei einigen Gräsern ist sie aus der Entfernung zwar nicht erkennbar, aber sie leuchten hell aus einer Pflanzung hervor, wie etwa das Chinaschilf 'Morning Light' (*Miscanthus*) oder einige Sorten der Segge (*Carex*). Breite, gleichmäßige Zeichnungen verbreiten dabei eine ruhigere Atmosphäre als ungleichmäßige Flecken oder Streifen und sind für Beete besser geeignet. Um die Ruhe im Beet zu wahren, sollten Sie nicht zu viele panaschierte Pflanzen verwenden; für ein kleines Beet genügt eine Art, die Sie an zwei oder drei Stellen im Beet einsetzen. Größere Anlagen vertragen mehr - achten Sie aber immer darauf, dass sich panaschierte Pflanzen nicht begegnen, denn sonst geht die Wirkung verloren. Der gleiche Effekt kann eintreten, wenn Sie gelbe und weiße Blattzeichnungen gemeinsam verwenden. Ausgesprochen edel wirken Beete mit weiß panaschierten Funkien und weiß blühende Stauden, ergänzt um grünblättrige Stauden unterschiedlichster Form, wie Farne, Gräser, oder großblättrige Arten wie Schaublatt (*Rodgersia*) oder Tafelblatt (*Astilboides tabularis*).

FUNKIEN – WOHIN?

Zu den Pflanzen mit den größten Blättern, die in allen erdenklichen Arten und Formen panaschiert sein können, gehört die Funkie. Ihr übersichtliches Wuchsverhalten und die Tatsache, dass *Hosta* am besten im Halbschatten und Schatten gedeihen, wo helle Blattränder am deutlichsten erkennbar sind, macht sie zu dankbaren Stauden für viele Bereiche des Gartens. In Schattenbeeten können mehrere Funkien mit unterschiedlicher Färbung verwendet werden, da die ähnliche Blattform für genug Ruhe sorgt. Für eine harmonische Anordnung platziert man zwischen zwei panaschierte Sorten eine Pflanze mit blauem, gelbem oder grünem Laub – so bildet man innerhalb der Pflanzung Ruhe und bietet den einzelnen Sorten mit hell gezeichnetem Laub genug Raum, um aus der Umgebung hervorzutreten.

Bei der Verwendung von Funkien muss eingeplant werden, dass diese sehr spät austreiben. Je nach Sorte bleibt ihr Platz bis Ende April, manchmal sogar bis in den Mai hinein leer und kann für Blumenzwiebeln oder einziehende Geophyten genutzt werden. Das bietet einen weiteren Vorteil: Nach der Blüte verdecken die großen Blätter welkende Zwiebelpflanzen. Farne, die sich aufgrund der völlig andersartigen Laubstruktur gut als Partnerpflanzen eignen, haben einen ganz ähnlichen Vegetationsrhythmus.

Panaschierte Stauden sind eine wertvolle Möglichkeit, abseits von Blüten leuchtende Akzente zu setzen, und können genutzt werden, wenn es einem Beet an Spannung fehlt oder Beete im Schatten im Sommer einheitlich grün erscheinen. In der Sonne fallen Blattzeichnungen weniger auf. Hier kann man sich behelfen, indem man grünlaubige Stauden mit gleichmäßigem Erscheinungsbild als Nachbarn pflanzt. Auch blaue Blüten wie die von Katzenminze oder Storchschnabel sind in der Lage, die Blattzeichnung ihrer Nachbarpflanzen zu betonen.

Panaschierte Stauden, die in Beeten auffallen	
Sterndolde	*Astrantia major* 'Sunningdale Variegated'
Kaukasusvergissmeinnicht	*Brunnera macrophylla* 'Hadspen Cream'
Segge	*Carex* (diverse Sorten)
Bartblume	*Caryopteris clandonensis* 'Summer Sorbet'
Bartblume	*Caryopteris divaricata* 'Electrum'
Funkie	*Hosta* (diverse Sorten)
Schwertlilie	*Iris pallida* 'Variegata', 'Argentea Variegata'
Sommeraster	*Kalimeris yomena* 'Shogun'
Salomonssiegel	*Polygonatum odoratum* 'Variegatum'
Lungenkraut	*Pulmonaria rubra* 'David Ward'
Echter Salbei	*Salvia officinalis* 'Icterina'
Beinwell	*Symphytum × uplandicum* 'Axminster Gold'

LINKE SEITE Funkien lassen sich problemlos in Töpfen halten, wo sie auch vor gefräßigen Schnecken in Sicherheit sind. Man kann sie immer wieder neu arrangieren und verschiedene Zusammenstellungen ausprobieren.

OBEN LINKS Das Kaukasusvergissmeinnicht (*Brunnera macrophylla*), wie die silberne Sorte 'Mr. Morse', die zusätzlich weiß blüht, ist anspruchslos und auch nach der Blüte noch schön anzusehen.

OBEN RECHTS Bei den Purpurglöckchen (*Heuchera, Heucherella*) gibt es zahlreiche Sorten mit wunderschön gefärbtem Laub, die Abwechslung in halbschattige Beete bringen.

Attraktive Beete rund ums Jahr

Wer Beete möchte, die vom Frühling bis zum Herbst zieren, muss sich vom Wunsch nach Blüten lösen, denn zarte Austriebe im Frühling, leuchtende Herbstfarben und eine haltbare Winterkulisse runden einen Garten erst ab.

Das Gartenjahr vorverlegen – Blüten für den Spätwinter

Für einen frühen Start ins Gartenjahr muss sorgfältig geplant werden. Die ersten Blüten zeigen Zwiebelpflanzen; sie können problemlos zwischen und sogar in andere Stauden gepflanzt werden, da sie so früh austreiben, dass sie den anderen Stauden nicht begegnen. Danach folgen im Jahreskreis verschiedene Stauden, die sich zum Teil mit ihrer Blüte überschneiden, zum Teil aneinander anschließen. Es ist hilfreich, für die Planung eine Tabelle zu zeichnen und die Blütezeit einzutragen. So können gewünschte Kombinationen festgelegt und farbliche Kollisionen verhindert werden.

Geeignete Frühblüher

Die Gartensaison der Stauden beginnt, sobald der Schnee geschmolzen ist. Zu den ersten Blühern gehören Geophyten - kleine Pflanzen, die mit Knollen, Rhizomen oder Zwiebeln unterirdisch Energie speichern und so in der Lage sind, vor allen anderen Pflanzen loszulegen. Einige sind an Laubwälder angepasst und nützen die kurze Zeit zwischen Winter und Laubaustrieb für ihre Blüte. Im Mai sind diese kleinen Überlebenskünstler bereits wieder eingezogen. Andere wachsen an Orten, die im Sommer heiß und trocken werden. Ihr Überdauerungsorgan ermöglicht ihnen, diese extremen Witterungsbedingungen unterirdisch zu überleben. Allen gemeinsam ist die Eigenschaft, abseits ihrer Blütezeit unsichtbar im Boden zu ruhen - das macht sie für unsere Beete so wertvoll, denn sie können zwischen anderen Pflanzen versenkt werden und ermöglichen ohne Platzanspruch zusätzliche Blüten. Wer sich näher mit dem Thema beschäftigt, wird bemerken, dass der Vorfrühling entgegen der landläufigen Meinung eine sehr üppige und bunte Jahreszeit ist.

Gleich nach der Schneeschmelze sind Winterlinge (*Eranthis*) und Schneeglöckchen (*Galanthus*), in schattigeren Lagen auch die Frühlings-Alpenveilchen (*Cyclamen coum*) die Ersten, die Blicke auf sich ziehen. Sie sind an die nächtliche Kälte so früh im Jahr bestens angepasst und können ihre Blüten schließen, wenn es friert oder noch einmal schneit. Selbst eine dicke Schneeschicht kann diesen Frühblühern nichts anhaben. Meistens noch im März folgen Elfen-Krokus (*Crocus tommasinianus*), Schneeglanz (*Chionodoxa luciliae*), Blausternchen (*Scilla*) und Puschkinien (*Puschkinia libanotica*). Die Entwicklung dieser kleinen Pflanzen läuft so schnell ab, dass man bei manchen glauben möchte, sie seien über Nacht aus dem Boden geschossen. Häufig liegt zwischen dem Schmelzen der Schneedecke und dem vollen Erblühen der Beete nicht einmal eine Woche.

Wie werden Frühblüher zahlreich?

Frühblüher bilden mit den Jahren ausgedehnte Bestände. Sie müssen nur im Herbst rechtzeitig Zwiebeln pflanzen.

OBEN Ein Beet gewinnt im Frühling an beeindruckender Eleganz, wenn man es schafft, sich auf eine einzige Tulpenart zu beschränken, wie in einem Beet der Sichtungsflächen Weihenstephan mit der Tulpe 'White Triumphator'.

UNTEN Zwiebelpflanzen wie Narzissen können bedenkenlos zwischen hohen Stauden gepflanzt werden, da sie viel früher erscheinen als die anderen Pflanzen. Wenn sie dann einziehen, verdecken ihre Nachbarn das welke Laub.

Leider sind gerade Schneeglöckchen teuer und gekaufte Zwiebeln sind durch lange Transportwege oft schon vertrocknet und treiben nicht aus.

Zu einem dichten Bestand an Frühlingsblühern kommt man daher am einfachsten, wenn man im Frühling zur Blütezeit andere Gartenbesitzer - vielleicht im Tausch gegen andere Pflanzen - um ein paar Schneeglöckchen bittet. Diese zarten Blüher sind robuster, als man vermuten würde, und ein Verpflanzen zur Blütezeit macht ihnen nichts aus, solange sie nur schnell wieder in die Erde gelangen. Eine Verpflanzung im Frühjahr hat den zusätzlichen Vorteil, dass man Lücken in den Beeten leichter entdeckt und die Beete noch begehbar sind.

Da sich *Galanthus* mittels Brutzwiebeln vermehren, pflanzt man die neuen Schneeglöckchen einzeln oder zumindest nur in kleinen Gruppen ein. Das mag im ersten Jahr etwas schütter wirken, aber schon nach ein bis zwei Jahren werden aus den einzelnen Zwiebeln kleine Tuffs. Diese kann man dann nach einiger Zeit erneut teilen - mit der Zeit wird der ganze Garten mit Schneeglöckchen bevölkert sein. Diese Methode funktioniert auch mit Winterlingen (*Eranthis*), Schneeglanz (*Chionodoxa*), Blausternchen (*Scilla*), Puschkinien (*Puschkinia libanotica*) und Krokus (*Crocus*), diese vermehren sich zusätzlich durch Aussaat, deshalb sollte der Boden ungestört bleiben.

Auch wenn Blumenzwiebeln erst später im Jahr in ein Beet eingefügt werden, sollte man sie von Beginn an in den Beetplan aufnehmen, um sie nicht zu vergessen.

Empfehlenswerte und robuste Zwiebelpflanzen, die zwischen Stauden verwendet werden können

Strahlen-Anemone	*Anemone blanda*
Buschwindröschen	*Anemone nemorosa*
Gelbes Windröschen	*Anemone ranuncoloides*
Schneeglanz	*Chionodoxa luciliae, Ch. forbesii*
Hohler Lerchensporn,	*Corydalis cava, C. solida* Gefingerter Lerchensporn
Elfen-Krokus	*Crocus tommasinianus*
Frühlings-Alpenveilchen	*Cyclamen coum*
Winterling	*Eranthis hyemalis, E. cilicica*
Kaiserkrone	*Fritillaria imperialis*
Schachbrettblume	*Fritillaria meleagris*
Schneeglöckchen	*Galanthus nivalis*
Frühlings-Knotenblume	*Leucojum vernum*
Traubenhyazinthe	*Muscari* (diverse)
Puschkinie, Kegelblume	*Puschkinia libanotica*
Blauglöckchen	*Scilla sibirica, S. bifolia*

Lücken schließen mit Zwiebelblühern

Direkt an die ersten Blüten nach dem Winter schließen eine Vielzahl weiterer Zwiebel- und Knollenpflanzen an. Die bekanntesten sind Tulpen und Narzissen - sie können problemlos in Staudenbeete integriert werden und so schon lange vor der Hauptbepflanzung für einen farbigen Masseneffekt sorgen. Sie stellen jedoch unterschiedliche Ansprüche an den Boden - Narzissen schätzen schwere, eher feuchte Böden, wohingegen Tulpen am besten in sandigen, durchlässigen Substraten gedeihen. Diese Ansprüche sind der Grund dafür, dass in vielen Gärten Zwiebelpflanzen nur im ersten Jahr nach der Pflanzung üppig blühen und danach rasch weniger werden oder ganz verschwinden.

Für Letzteres sind hin und wieder auch Mäuse verantwortlich, aber auch wir haben Einfluss: Mit der Wahl des richtigen Standorts und - oftmals vernachlässigt - durch regelmäßige Düngung. Die Zwiebeln sind nämlich nichts anderes als Speicherorgane, in denen beim Kauf bereits die Blüten für das kommende Jahr verborgen liegen. Sollen sie jedoch auch in den Folgejahren blühen, brauchen sie während ihrer ersten Vegetationsperiode im Garten Nährstoffe. Daher düngt man sie, sobald im Frühling ihr Laub erscheint - das ist oft schon Ende Februar oder Anfang März der Fall. Sind die betreffenden Pflanzen erst einmal verblüht, stellen sie auch die Nährstoffeinlagerung ein. Gut gemeinte Düngergaben helfen dann nicht mehr. Bei schon älteren Beständen, die wenig blühen, aber viel Laub produzieren, kann neben dem Nährstoffmangel auch ein zu dichter Stand das Problem sein. Hier hilft es, die Gruppe auszugraben, die Zwiebel vorsichtig auseinanderzuziehen und in kleineren Gruppen

OBEN Die Strahlen-Anemone (*Anemone blanda* 'White Splendour') breitet sich bei zusagendem Standort langsam aus. Auch sie zieht nach der Blüte ganz rasch wieder ein und kann daher ohne Probleme in Beete integriert werden.

MITTE Hohler Lerchensporn (*Corydalis cava*), eine in weiten Teilen Europas heimische Waldpflanze, eignet sich durch die starke Selbstaussaat für naturnahe Anlagen oder für die Unterpflanzung von Hecken.

UNTEN Hellblauer Schneeglanz (*Chionodoxa luciliae*) und Wechselblättriges Milzblatt (*Chrysosplenium alternifolium*) sind problemlose Begleiter für rote Christrosen (*Helleborus*) und sorgen schon im März für Farbe im Garten.

wieder einzupflanzen. Bei einigen Zwiebelpflanzen kann man trotz bester Pflege ein Verkümmern und Verschwinden nicht verhindern. Dieses Problem tritt besonders bei Tulpen-Sorten auf. Wer nicht ständig nachpflanzen möchte, sollte sich daher auf Sorten beschränken, die im eigenen Garten beständig sind.

Ab April und Mai folgt schließlich der Kugel-Lauch: Was bei der Verwendung von *Allium* bedacht werden sollte, ist die nicht unerhebliche Größe ihrer Blätter beim Austrieb. Neben zarten Pflanzen sollten sie also besser nicht angesiedelt werden, vor allem, weil sich aus einer Zwiebel bei zusagendem Standort rasch eine ganze Gruppe entwickeln kann. Ebenfalls im Mai blüht die Prärielilie (*Camassia*), die feuchte Böden bevorzugt und in Lila und Blau erhältlich ist.

Später im Sommer bieten sich Lilien (*Lilium*) an, ihre Blüten aus einem Staudenbeet zu strecken – sie brauchen wenig Platz und sind so ideal, um Planungslücken effektvoll aufzufüllen.

Das Gartenjahr verlängern

Dauerblüher – Ausnahmen im Staudenreich

Eins vorweg: Es gibt keine Staude, die das ganze Jahr über blüht. Einige wenige blühen mehrere Monate, aber alle Stauden sind an eine bestimmte Jahreszeit gebunden. Nach der Blüte bilden sie Samen und Knospen für das kommende Jahr – so kann jede Pflanze zu ihrer Jahreszeit eine ökologische Nische bedienen und erhöht die Wahrscheinlichkeit, von Insekten bestäubt zu werden.

Gärtnern und Züchtern ist es jedoch bei einigen Pflanzen gelungen, sterile Sorten auszulesen. Diese setzen keine Samen an, benötigen weniger Energie und sind daher in der Lage, viel länger zu blühen. Ein Beispiel ist *Geranium* 'Rozanne', ein Storchschnabel, der von Juni bis zum Frost unermüdlich blaue Blüten produziert.

Einige andere Stauden blühen von sich aus über einige Monate hinweg. Eine solche ist der Staudenknöterich (*Persicaria amplexicaule*). Er beginnt Ende Juni die ersten Blütenkerzen zu öffnen und fährt damit bis in den Herbst hinein fort. Erst der Frost beendet die bis zu viermonatige Blütezeit. Aconogonon 'Johanniswolke', eine monumentale Knöterich-Art mit weißen Blütenwolken, gehört – solange es zu keiner Dürre kommt – ebenfalls zu den Dauerblühern. Diese für den Hintergrund von Beeten ausgesprochen geeignete Staude beginnt Anfang Juni mit ihrer Blüte und entwickelt bis weit in den Herbst hinein ständig neue Knospen. Fast ebenso lange ziert die Sommeraster (*Kalimeris*). Ihre Blütezeit beginnt schon im Juni und hält meist bis Ende Oktober an.

Es ist ein hoher Anspruch, zu jeder Jahreszeit Blüten zu erwarten, und es erzeugt oft Frustration, diesen Wunsch um jeden Preis durchsetzen zu wollen. Besonders in kleineren Beeten, die nur aus wenigen Pflanzen bestehen, ist es fast unmöglich, Pflanzen zu finden, die vom Frühling bis zum Herbst ständig blühen. Selbst wenn man alle zuverlässigen Dauerblüher vereint, können Witterung und andere Einflüsse einen Strich durch die Rechnung machen. Es ist daher zielführender, sich auf einige attraktive Pflanzen zu konzentrieren und für diese geeignete Partner zu finden, deren Laub und Wuchsform ergänzend wirkt. Achten Sie deshalb bei der Auswahl der Pflanzen unbedingt darauf, wie sie vor und nach der Blüte aussehen! In Schattenbeeten macht man sich diesen Effekt explizit zunutze, aber auch in sonnigen Beeten ist die Rolle von Blattform und -farbe nicht zu unterschätzen (siehe Seite 60 Blattfärbungen).

VON LINKS OBEN IM UHRZEIGERSINN Die Indianerwiege (*Caulophyllum thalictroides*) aus Nordamerika erscheint schon im März. | Das Tafelblatt (*Astilboides tabularis*) taucht ganz zerknittert aus dem Boden auf. | Die Blattunterseiten der Boykinie (*Peltoboykinia watanabei*) sind kupferrot gefärbt. | Die Blutwurz (*Sanguinaria canadensis*) schützt jede Blüte mit einem Blatt.

Stauden mit langer Blütezeit

Duftnessel (VI–X)	*Agastache* (diverse)
Färberkamille (V–IX)	*Anthemis tinctoria*
Spornblume (V–X)	*Centranthus ruber*
Gelber und Hellgelber Lerchensporn (III–X)	*Corydalis lutea, C. ochroleuca*
Bastard-Reiherschnabel (VI–VIII)	*Erodium × hybridum*
Storchschnabel (VI–X)	*Geranium* 'Rozanne'
Sommeraster (VI–VIII)	*Kalimeris incisa*, diverse Sorten
Purpur-Witwenblume (VI–IX)	*Knautia macedonica*
Leinkraut (V–IX)	*Linaria purpurea*
Staudenknöterich (VII–X)	*Persicaria amplexicaule*, diverse Sorten
Tauben-Skabiose (VII–IX)	*Scabiosa columbaria*

LINKS Farne sind bekannt für ihr bizarres Austriebsbild. Im Gegenlicht leuchten die braunen Schuppen an den Stängeln besonders schön.

RECHTS Der prächtige Austrieb von Wild-Pfingstrosen im Botanischen Garten in Hof in Kombination mit Schneestolz *(Chionodoxa luciliae)*.

Wenn gerade nichts blüht: Austriebe und Herbstfärbung

Wer an eine Staude denkt, dem fallen meistens ihre Blüten oder ihre Blätter ein. Was man häufig vergisst, ist der Austrieb im Frühling und auf welche Art die Pflanze ihr Jahr beschließt. Manche Pflanzen fallen dabei nicht besonders auf, andere bieten hingegen ein herrliches Schauspiel, das sich in manchen Fällen lohnt, in eine Pflanzung eingeplant zu werden. Natürlich erstrecken sich sowohl das Erscheinen als auch das Vergehen über eine kürzere Zeit als die Blüte einer Staude – aber einige Effekte sind so spektakulär, dass man manche Stauden nur aufgrund ihres farbenprächtigen Austreibens oder Verwelkens in Beete pflanzt.

Austrieb

Wer Stauden im Austrieb aus der Nähe betrachtet, wird erstaunt sein über die in vielen Fällen behaarten, seltsam verdrehten oder mehrfach in sich gefalteten Knospen, die ganz schnell – oft über Nacht – aus dem Boden auftauchen. Bis sich das Laub einer Pflanze entwickelt hat, ist es häufig rötlich gefärbt, durchscheinend oder unkenntlich verknittert. Diese Details mögen verblüffen, aber sie sind für eine gestalterische Nutzung zu kurzlebig. Möglich sind daher Kombinationen mit Blumenzwiebeln, die ihrerseits schnell verschwunden sind. So sehen Schneeglöckchen neben dem Austrieb von Päonien besonders schön aus und das Weiß von Narzissen leuchtet noch mehr, wenn daneben rote Astilbentriebe erscheinen. Strahlenanemonen (*Anemone blanda*) könnte man mit derselben Absicht zwischen Wiesenrauten (*Thalictrum*) ansiedeln und blaue Traubenhyazinthen (*Muscari*) sind zwischen dem silbernen Austrieb von Katzenminzen (*Nepeta*) gut aufgehoben. Seien Sie kreativ!

Herbstfärbung

Weitaus stärkere Fernwirkung als der zarte Frühlingsaspekt hat die Herbstfärbung einiger Stauden. Bekannt für ihr farbenfrohes Welken sind die Storchschnäbel (*Geranium*). Viele bekommen leuchtend gelbes, rotes oder orangefarbenes Laub, ehe sie vergehen. Auch Funkien (*Hosta*) sorgen mit leuchtend gelbem Laub für einen auffallend schönen Saisonabschluss. Berühmt für ihren Herbstaspekt sind die Blausterne (*Amsonia*, besonders *A. hubrichtii*), breit

ausladende Stauden mit kleinen, schmalen Blättern, die im Frühsommer hellblaue Sternchenblüten hervorbringen. Das alleine würde schon reichen, aber die Amsonien färben bei trockenem Standort in ein leuchtendes Gelb um, was besonders in Kombination mit grauem Laub oder Bergenien, die im Herbst erröten, beeindruckt.

Die Herbstfärbung hängt jedoch nicht nur von der Pflanze ab, sondern auch von Boden, Licht und Witterung und variiert von Jahr zu Jahr. Generell scheinen sonnige oder bei Schattenstauden zumindest helle Standorte das Umfärben im Herbst zu verstärken. Aufgrund der Unsicherheit, ob man die Herbstfärbung überhaupt miterleben kann - oft regnet es zur betreffenden Zeit oder die Pflanze sieht nur ein oder zwei Tage schön aus -, sollte man Pflanzen nicht alleine deswegen pflanzen. Schwankt man jedoch bei der Auswahl zwischen zwei Stauden, kann die Herbstfärbung der ausschlaggebende Grund sein. Die folgende Liste mit im Herbst färbenden Stauden ist daher nicht vollständig, sondern erwähnt Stauden, die auch abseits ihres Laubs in Beeten guten Eindruck hinterlassen und beliebte Kombinationspartner sind.

Blaustern	*Amsonia hubrichtii* (u.a.)
Prachtspiere	*Astilbe*
Bleiwurz	*Ceratostigma plumbaginoides*
Schildblatt	*Darmera peltata*
Wolfsmilch	*Euphorbia cyparissias, E. palustris*
Storchschnabel	*Geranium* (verschiedene)
Dreiblattspiere	*Gillenia trifoliata*
Wasserdost	*Eupatorium*
Taglilie	*Hemerocallis*
Funkie	*Hosta*
Chinaschilf	*Miscanthus* (verschiedene)
Pfeifengras	*Molinia* (verschiedene)
Ruten-Hirse	*Panicum virgatum* 'Warrior' (u.a.)
Salomonsiegel	*Polygonatum*
Schaublatt	*Rodgersia* (verschiedene)

Das Integrieren von Verblühtem

Die Winter in Mitteleuropa dauern, auch wenn wir das gerne verdrängen, ziemlich lange. Je nach Jahr und Kleinklima des Gartens muss von drei bis vier Monaten kalter Jahreszeit ausgegangen werden - manchmal lässt der Frühling sogar noch länger auf sich warten. Rechnet man realistisch, so ruht die Vegetation von den ersten Frösten im November bis zu den ersten warmen Tagen im Februar oder März. Das Frühjahr beginnt je nach Region und Wetter sehr unterschiedlich - vor Ende Februar sollte man besser mit keinen Blüten rechnen. Alles, was im Winter den Garten ausmacht,

VON LINKS OBEN IM UHRZEIGERSINN Der Bulgarenlauch (*Nectaroscordum siculum*) verblüht als abstrakte Form. | Verblühter Zier-Lauch (*Allium*) inmitten blühender Sterndolden (*Astrantia major*). | Die Samenkapseln des Schlaf-Mohns (*Papaver somniferum*) sind lange haltbar. | Robust sind auch die Samenstände der Akeleien (*Aquilegia vulgaris*) und sie passen gut zu Blüten wie hier die der Rasselblume (*Catananche caerulea*). | Im Idealfall gibt es im Winter Raureif, der die Indianernesseln kunstvoll vereist.

sind Gehölze, immergrüne Pflanzen und die verholzten Teile der Stauden aus der vergangenen Saison. Wer in dieser Zeit nicht auf leere Beete blicken möchte, sollte schon bei der Planung bedenken, wie die angedachten Stauden im Winter aussehen und ob neben den Blüten mit zusätzlichen Schauwerten wie Herbstfärbung, schönen Samenständen oder besonderem Austrieb zu rechnen ist. Denn auch wenn Pflanzen oft nur wenige Wochen blühen – sichtbar sind sie in vielen Fällen das ganze Jahr über.

Mit umsichtiger Planung und der Verwendung spätblühender Stauden wie Herbstchrysanthemen sind bis zum Frost Blüten möglich. Stauden sterben im Winter oberirdisch ab. Es hat wenig Sinn, sich über diese blütenlose Zeit zu ärgern – vielmehr sollte man versuchen, die Reste der Vegetation so zu kombinieren, dass die Struktur eines Beets und damit die Räumlichkeit eines Gartens auch in der kalten Jahreszeit erhalten bleibt. Es ist nichts trostloser als ein vollständig zurückgeschnittener Garten, der einen wesentlichen Teil des Jahres flach wie eine Wüste erscheint. Früher war es üblich, im Herbst die Beete komplett abzuräumen und den Garten »winterfest« zu machen. Ausgehend von den naturalistischen Strömungen innerhalb der Gartengestaltung, wird nun immer mehr dazu übergegangen, einzelne standfeste Stauden oder die Pflanzungen sogar zur Gänze über den Winter stehen zu lassen und Effekte mit Schnee und Raureif bewusst einzuplanen.

Einen Garten so zu gestalten, dass er zu allen Jahreszeiten etwas bietet, erfordert daher neben guter Pflanzenauswahl vor allem die Bereitschaft, sich mit Verblühtem anzufreunden. Wer seine Beete im Herbst ratzeputz abschneidet, beraubt sich eines beeindruckenden Schauspiels. Mit Wintereffekten zu arbeiten heißt jedoch nicht, Beete einfach sich selbst und der Witterung zu überlassen! Es bedeutet, im Herbst zu entscheiden, welche Pflanzen im Winter für Zierde sorgen könnten und welche besser geschnitten werden, weil sie schon im November schlapp herumliegen.

Leider ist der Winter eine unberechenbare Jahreszeit. Früher Nassschnee kann strukturgebende Stauden niederdrücken und Herbststürme können auch ansonsten standfeste Gräser zerfleddern. Wer in windigen Gegenden wohnt, sollte Stürme einplanen und hohe Stauden entweder sichern oder gleich abschneiden. Im Gegensatz zu Regionen wie England, Belgien oder die Niederlande sind die Teile des deutschsprachigen Raums für die Entwicklung einer zuverlässigen Winterkulisse leider weniger geeignet. In manchen Jahren gibt es nicht einmal hübschen Raureif – man sollte daher abwägen, ob der Anblick verdorrter Samenstände im Verhältnis zur erzielten Zier steht. Gerade bei sehr aussaatfreudigen Stauden wie dem Lanzen-Eisenkraut (*Verbena hastata*) kann es sinnvoller sein, auf den Winteraspekt zu verzichten, als im Frühling tausende Sämlinge aus anderen Stauden zupfen zu müssen. Auf fruchtbaren Böden sollte auch auf Astern, Duftnesseln (*Agastachen*) und Flammenblumen (*Phlox*) im winterlichen Beet besser verzichtet werden. Andere Stauden hingegen sind völlig risikolos: So sind allen voran Gräser, aber auch Wasserdost (*Eupatorum*), Hohe Fetthenne (*Sedum spectabile*), Schafgarben (*Achillea*) und Indianernesseln (*Monarda*) gut geeignet, um auch im Winter für Raumwirkung zu sorgen. Wer auf diesen Effekt Wert legt, sollte außerdem Gehölze gleich von Anfang an in Beete einbauen. Das erfordert sorgsame Auswahl, denn die Auswahl an langsamwüchsigen Sträuchern, die mit duftenden Blüten oder beeindruckender Herbstfärbung eine Bereicherung für Staudenpflanzungen darstellen, ist groß.

Was stehen lassen und was nicht?

Diese Entscheidung fällt man am einfachsten im Herbst, sobald die ersten Stauden gewelkt sind. Alles Laub, was dann schon herumliegt, weil die Stauden eingezogen sind, kann getrost entfernt werden. Samenstände, die schön wirken, und Stauden, die straff aufrecht stehen, dürfen hingegen bleiben. In vielen Fällen müssen Sie spontan entscheiden und vielleicht auch eine Pflanze im Vordergrund entfernen und eine andere dahinter stehen lassen. Es hilft, während der Arbeit das Beet regelmäßig aus einigen Metern Entfernung zu betrachten, um nicht aus Versehen eine hässliche Schneise zu schlagen. Immerhin wird sich der Anblick den Winter über nicht mehr ändern!

Stauden, die den Winter über gut aussehen	
Schafgarbe	*Achillea*
Anis-Riesenysop	*Agastache foeniculum* (Vorsicht, Selbstaussaat!)
Herbst-Astern (Vorsicht, Selbstaussaat!)	*Astern*
Garten-Kerzen-Spiere	*Astilbe chinensis* var. *taquetii* 'Purpurlanze'
Purpur-Sonnenhut	*Echinacea purpurea*
Wasserdost	*Eupatorium purpureum*
Indianernessel	*Monarda*
Goldbaldrian	*Patrinia scabiosifolia*
Brandkraut	*Phlomis russeliana, P. tuberosa*
Hohe Fetthenne	*Sedum spectabile*
Lanzen-Eisenkraut (Vorsicht, Selbstaussaat!)	*Verbena hastata*
Arkansas-Scheinaster	*Vernonia crinita*

Gräser	
Silberährengras	*Achantherum calamagrostis*
Diamantgras	*Calamagrostis brachytricha*
Wald-Schmiele	*Deschampsia cespitosa*
Chinaschilf	*Miscanthus*
Reitgras	*Molinia × arundinacea*
Zartes Federgras	*Stipa tenuissima*

Wintergrüne Stauden

Zusätzlich zur Wintersilhouette warten einige Stauden mit wintergrünem Laub auf. Dieses kann genutzt werden, um auch im Winter, wo rundherum Braun vorherrscht, ansprechende Kombinationen zu schaffen. In schneearmen Regionen wird so die Gartensaison mithilfe von Stauden und Zwiebelpflanzen, aber auch Gehölzen enorm erweitert.

Wintergrüne Stauden zeichnen sich dadurch aus, dass ihr Laub auch in der kalten Jahreszeit erhalten bleibt. Bei einigen verfärbt sich das Laub nach den ersten Frösten rötlich, was die Spannung im winterlichen Garten beträchtlich erhöht. Wenn Sie ansprechende Kombinationen für den schneelosen Winter schaffen wollen, müssen Sie vorgehen wie im Sommer und runde Formen mit feinen in Kontakt bringen. So können in sonnigen Beeten Bergenien mit Gräsern und den Polstern von Nelken (*Dianthus*) sehr ansprechend aussehen. Ergänzt um einige Stauden mit markanter Wintersilhouette (*Phlomis, Sedum, Achillea*), leben die sommerlichen Kontraste weiter.

Vielfältigere Möglichkeiten bieten sich im Schatten, da uns mehr Stauden zur Verfügung stehen. Als Bodendecker eignen sich Elfenblumen (*Epimedium*) zusammen mit dem Balkan-Storchschnabel (*Geranium macrorrhizum*) und Immergrün (*Vinca*). Streut man die großblättrigen Christrosen (*Helleborus*) dazwischen und ergänzt mit silberblättrigen Alpenveilchen (*Cyclamen coum, C. hederifolium*), panaschierten Seggen (*Carex morrowii* 'Variegata', *Carex oshimensis* 'Evergold' u.a.) und Aronstab (*Arum*), der im Herbst einen frischen Blattschopf treibt, so wird es den Winter über nie kahl aussehen. Auch Purpurglöckchen (*Heuchera*) und vor allem Farne sind wintergrün. Besonders langsam wachsende Schildfarne (*Polystichum*) sind empfehlenswert und auch im Winter eindrucksvoll.

Problem Frosttrocknis

Wintergrüne Pflanzen benötigen trotz der Wachstumsruhe Wasser, weil intaktes Laub auch bei Kälte Feuchtigkeit verdunstet. Zum Problem wird dieses Faktum, wenn über längere Zeit hinweg Frost herrscht und die Pflanzen kein Wasser beziehen können. In solchen Fällen verwelken die grünen Blätter, der Winteraspekt leidet und oft wird die gesamte Pflanze in Mitleidenschaft gezogen. Verstärkt wird dieser Effekt durch Wind und Barfrost – wenn also keine Schneeschicht die Pflanzen schützt – und zusätzlich die Sonne scheint. Diesen Schäden kann man durch Abdecken mit Vlies, Reisig oder Laub begrenzt entgegenwirken. Sind die Pflanzen bereits welk, kann man nichts mehr tun und auch Gießen hilft nicht mehr, sondern würde nur noch mehr Schaden anrichten.

In den meisten Jahren muss man sich keine Sorgen um seine wintergrünen Pflanzen machen, denn sie haben sich angepasst: Der Großteil aller wintergrünen Stauden ist im

OBEN Frühlings-Alpenveilchen (*Cyclamen coum*) treiben im Herbst neu aus, wenn alles andere rundherum zu welken beginnt.

MITTE Die panaschierte Japan-Segge (*Carex morrowii* 'Variegata') sieht bei passendem Standort das ganze Jahr über gesund und üppig aus. Nur Sonne mag sie nicht.

UNTEN Auch im Spätherbst können Schattenbeete noch schön sein. Hier mit Elfenblumen, Japan-Segge, Christrose (*Helleborus foetidus*) und Farnen.

Schatten zu Hause, wo Falllaub Feuchtigkeit im Boden hält, die Pflanzen vor Barfrost und Wind schützt sowie Bäume die stärkste Sonnenstrahlung abhalten. Vorausgesetzt, wir haben diese Pflanzen standortgerecht verwendet!

Wintergrüne Stauden	
Günsel	*Ajuga reptans*
Aronstab	*Arum italicum*
Gewöhnliche Haselwurz	*Asarum europaeum*
Bergenie	*Bergenia* (verschiedene Sorten)
Alpenveilchen	*Cyclamen coum, C. hederifolium*
Feder-Nelke	*Dianthus plumarius* u.a.
Elfenblume	*Epimedium* (verschiedene Sorten)
Wolfsmilch	*Euphorbia amygdaloides* var. *purpurea, E. robbiae*
Balkan-Storchschnabel	*Geranium macrorrhizum*
Leberblümchen	*Hepatica nobilis, H. transsilvanica*
Christrose	*Helleborus foetidus*
Orientalische Lenzrose	*Helleborus orientalis*
Purpurglöckchen	*Heuchera* (verschiedene Sorten)
Gewöhnliche Goldnessel	*Lamiastrum galeobdolon*
Gefleckte Taubnessel	*Lamium maculatum* u.a.
Schwarzer Schlangenbart	*Ophiopogon planiscapus* 'Nigrescens'
Falsche Alraunenwurzel	*Tellima grandiflora*
Immergrün	*Vinca minor 'Variegata',* 'Illumination', u.a
Gräser	
Japan-Segge	*Carex morrowii* 'Silver Scepter', 'Variegata' u.a.
Breitband-Segge	*Carex plantaginea*
Wald-Hainsimse	*Luzula sylvatica, L. sylvatica* 'Evergold'
Farne	
Hirschzungenfarn	*Asplenium scolopendrium*
Rippenfarn	*Blechnum spicant*
Sichelfarn	*Cyrtomium falcatum*
Rotschleierfarn	*Dryopteris erythrosora*
Wurmfarn	*Dryopteris filix-mas*
Tüpfelfarn	*Polypodium vulgare*
Schildfarn	*Polystichum setiferum* (versch. Sorten)

Konkrete Beet-vorschläge

Dieses Kapitel soll als Anregung dienen, welche Stauden kombiniert werden können. Grundidee ist dabei immer die standortgerechte Pflanzung und die Schaffung von Kontrasten in Farbe und Form.

Sonnige Freiflächen

Die Herkunft sonnenliebender Stauden

Sonnige Freiflächen sind in der Natur Mitteleuropas seltene und begehrte Standorte, die meist dicht und mit einer hohen Anzahl an unterschiedlichen Arten bewachsen sind. Magere Standorte weisen dabei eine besonders hohe Artenvielfalt auf, während häufig gemähte und landwirtschaftlich intensiv genutzte Fettwiesen, wie sie in der Grünlandwirtschaft entstehen, nur wenige Arten beherbergen. Sonnige Flächen können aber auch sumpfig sein oder im Gebirge liegen, wo den Pflanzen nur ein kurzer Sommer zu Verfügung steht und sie daher stark angepasst sein müssen, um überhaupt bestehen zu können. Da weite Teile Mitteleuropas bis zum Eingriff der Menschen bewaldet waren, finden sich jedoch nur wenige heimische Arten, die an sonnige Voraussetzungen angepasst sind. Vielmehr waren solche Standorte die Ausnahme, und wenn es sie gab, dann waren die angesiedelten Pflanzen zugleich an Extrembedingungen wie Trockenheit, große Höhe, in Mooren an saure Böden oder auf Überschwemmungsflächen an regelmäßige Nässe gebunden.

Für sonnige Beete in unserer Klimazone und vor allem im hiesigen Winter haben sich deshalb Pflanzen aus anderen Erdteilen viel besser bewährt. Sie kommen aus verschiedenen Regionen zu uns, wobei unsere kalten und feuchten Winter eine Hürde für viele wärme- und trockenheitsliebende Arten darstellen.

Als besonders ergiebige Herkunftsregionen erwiesen sich die Prärien Nordamerikas und die Steppen Nordasiens – weite, baumlose Flächen, die aufgrund natürlicher Einflüsse wie Wind, Brände und Beweidung spezielle Pflanzengemeinschaften ausgebildet haben, die robust und doch beeindruckend vielfältig sind. Stauden aus diesen Regionen sind an trockene, heiße Sommer, gleichzeitig aber an sehr kalte, kontinentale Winter angepasst. Aufgrund des großen Verbreitungsgebiets weisen sie eine hohe Toleranz gegen-

LINKS Im Idealfall unterscheiden sich – wie hier in einem Beet in Wisley – nicht nur die Blütenfarben der in einem Beet verwendeten Pflanzen, sondern auch deren gesamte Erscheinung – also Blütenform, Blattwerk und Habitus.

HERKUNFT DER STAUDEN

Nordamerika Astern (viele), Mädchenauge (*Coreopsis*), Sonnenhut (*Echinacea*), Sonnenbraut (*Helenium*), Indianernessel (*Monarda*), Hohe Flammenblume (Phlox *paniculata*), Goldrute (*Solidago*, etliche Arten), Stauden-Ehrenpreis (*Veronicastrum virginicum*)
Asien Taglilien (*Hemerocallis*), Greiskraut (*Ligularia*), Chinaschilf (*Miscanthus sinensis*), Türkischer Mohn (*Papaver* orientale), Lampenputzergras (*Pennisetum alopecuroides*), Wollziest (*Stachys byzanthina*), Tulpen, Staudenknöterich (*Persicaria amplexicaulis*)
Mittelmeerraum Bärenklau (*Acanthus*), Färberkamille (*Anthemis tinctoria*), Junkerlilie (*Asphodeline lutea*), Spornblume (*Centranthus ruber*), Diptam (*Dictamnus albus*), Lavendel (*Lavandula*), Pfingstrosen (*Paeonia officinalis*, *P. tenuifolia*)

über Bodentypen und anderen Standorteigenschaften auf, sodass sie auch Pflegefehler im Garten verzeihen - ihr Weg in die Gärten war damit geebnet.

Eine weitere Herkunftsregion unserer Gartenstauden ist der Mittelmeerraum. Viele der dort heimischen Stauden werden schon seit der Antike kultiviert und zieren so wie der Bärenklau Vasen und Gemälde. Für die Gartenkultur in Mitteleuropa eignen sich nur winterharte Arten. Sie sind an trockene, heiße Sommer gewöhnt und vertragen besonders winterliche Staunässe meist nur schwer. Deshalb müssen sie sorgfältig ausgewählt werden und sind - mit wenigen Ausnahmen - nur für trockene, durchlässige und vollsonnige Standorte geeignet.

Zurück zur Natur

Welche Stauden man schlussendlich in seinem Beet verwendet, ist unabhängig von ihrer Herkunft, sondern muss sich nur an den Standortbedingungen orientieren. Gartenkultur bedeutet immer Auslese und so haben sich über Jahrhunderte die Menschen aus allen Regionen jene Pflanzen herausgepickt, die besonders prächtige Blüten, schönen Wuchs oder ungewöhnliche Farben zeigten. In den letzten Jahren geht der Trend wieder mehr in Richtung Natur. Das zeigt sich daran, dass nun auch Präriestauden zu uns gelangen, die weniger spektakulär blühen und erst im Zusammenspiel mit ihren Nachbarn Wirkung entfalten. Besonders Gräser sind beliebt, wenn Natürlichkeit in einer Pflanzung gefragt ist. Diese Staudenverwendung mag neu erscheinen, tatsächlich sind Gräser untrennbar mit Präriestauden und Freiflächen verbunden und machen am Naturstandort einen erheblichen, wenn nicht sogar überwiegenden Anteil dieser Pflanzengemeinschaften aus. Mittlerweile sind einige Gräser-Arten fix in den Staudensortimenten verankert und werden von uns selbstverständlich als Kombinationspartner verwendet.

Wichtig ist, dass Ihr Beet Ihnen selbst gefällt. Wenn man den Garten nicht nur als Raum für Gestaltung, sondern auch als Verantwortung für die Natur begreift, so kann man durch die Verwendung geeigneter Stauden das Nahrungsangebot für Insekten erhöhen und damit nicht nur den Bienen, sondern auch Hummeln, Schwebfliegen und den unzähligen weiteren Arten, die sich in unseren Gärten einfinden, etwas Gutes tun. Dazu kommen Merkmale wie Duft, Trockenheitsresistenz, Standfestigkeit und gemäßigtes Wachstum, die manche Stauden auszeichnen und andere für bestimmte Stellen ausfallen lassen. Besonders bei sonnigen Standorten, wo uns eine überwältigende Vielfalt an Stauden zur Verfügung steht, zahlen sich genaue Recherche und der Besuch von fertigen Anlagen in Staudengärtnereien oder bei Gartenfreunden aus. Es wäre schade, bei dieser Vielfalt immer nur die gleichen bekannten Stauden zu verwenden!

Spätstarter unterpflanzen

Die hohen Beetstauden, aus denen sonnige Staudenbeete hauptsächlich bestehen, kommen im Frühling nur langsam in Gang. Kein Wunder - auf weiten Ebenen weht oft eine steife Brise, es gibt keine windgeschützten Ecken und in den Nächten wird es oft noch empfindlich kalt. Viele der bekanntesten Stauden treiben daher ausgesprochen spät - manche gar erst Ende April - aus und können für einen Frühlingsaspekt nicht eingeplant werden. Ähnlich verhalten sich die meisten Gräser. Es bietet sich daher an, für die Monate Februar, März und April Blumenzwiebeln zu verwenden, die wie eine zweite Etage zwischen den Pflanzen im Beet siedeln können und schon früh im Jahr für Farbe sorgen.

Da der Boden unter Stauden ab Mai ebenso beschattet ist wie unter Gehölzen, bieten sich die gleichen Zwiebeln an, die auch an Gehölzrändern zur Verwilderung empfohlen werden. Das sind in erster Linie Winterlinge (*Eranthis*), Schneeglöckchen (*Galanthus*) und Elfen-Krokus (*Crocus tommasinianus*), aber auch Puschkinien, Blausternchen (*Scilla*) und andere Kleinzwiebeln eignen sich. Hier gilt es, entweder mit bereits bewährten Pflanzen größere Flächen zu besiedeln oder mit kleineren Mengen verschiedenster Arten herauszufinden, welche sich gut entwickeln. Was es bei diesen Pflanzen aber vor allem braucht, ist Geduld.

LINKS Das Beet wirkt aufgrund der flächigen Verwendung von Süßdolde (*Myrrhis odorata*) und Hahnenfuß (*Ranunculus repens* 'Pleniflorus') wie eine Wiese.

RECHTS Da viele Stauden spät austreiben, kann mit Tulpen ('Jan Reus', 'Purissima') schon im April für Blütenfülle gesorgt werden.

Bis ein leuchtendes Blütenmeer entsteht, benötigen die Pflanzen einige Jahre ungestörtes Wachstum - denn nur dann säen sie sich auch aus und besiedeln aktiv die Beete. Vor einem Zuviel muss man bei Staudenbeeten kaum Angst haben, da diese charmanten Frühblüher rasch einziehen und manchen Spätaustreibern somit nicht einmal begegnen (siehe S. 73).

Für später im Jahr stehen uns weitere Pflanzen zur Verfügung, allen voran die Arten des Zier-Lauchs (*Allium*). Die markanten Blütenstände einiger Arten fanden schon im Kapitel zu den Blütenformen Er- wähnung - tatsächlich dominiert er Beete so stark, dass er als erste Leitstaude des Jahres eingesetzt werden kann. Auch Prärielilien (*Camassia*) und Steppenkerzen (*Eremurus*) eignen sich bei geeigneten Böden für eine Kombination mit später austreibenden Stauden.

1

3

2

4

1 Frühjahr

Dieses Beet, das auf den Bildern in seine dritte Saison geht, wurde so geplant, dass die Stauden im Hintergrund halbmondförmig höher werden, sodass eine Art Arena entsteht, die vor dem Beet einen Gartenraum entstehen lässt. Der Effekt entwickelt sich das Jahr über und ist im Frühling noch nicht zu bemerken.

Ein Großteil der verwendeten Stauden lasse ich den Winter über stehen. Aufgrund der sonnigen Lage taut der Schnee rasch ab und ich muss schnell sein und bald zurückschneiden, da sonst die Gefahr besteht, Frühlingsblüher zu zertreten. Der Schnitt wird direkt neben dem Beet gehäckselt und mit etwas Hornspänen vermischt gleich wieder ausgebracht. Meistens muss ich im Mai noch einmal nachmulchen, da die Bodenlebewesen ganze Arbeit geleistet haben und die Mulchschicht bereits Lücken aufweist.

Die Vegetation beginnt in der Sonne viel langsamer auszutreiben als im Schatten: Nach den Winterlingen (Eranthis) zu Beginn des Jahres erscheinen Schneestolz (*Chionodoxa*), Christrosen (*Helleborus*) und Krokus (*Crocus tommasinianus*), ehe die anderen Stauden durchtreiben. Zu den ersten gehören die Storchschnäbel, aber schon bald folgen Flammenblumen (*Phlox*), Taglilien (*Hemerocallis*) und Türkischer Mohn (*Papaver orientale*). Danach geht es schnell – innerhalb weniger Tage schließt sich der Bewuchs und man sieht kaum mehr den Boden. Dazu trägt auch die Rote Lichtnelke (*Silene dioica*) bei, die in einigen meiner Beete mit ihren rosa Blüten den Frühlingsaspekt bestimmt. Viele der im Sommer maßgeblichen Stauden treiben allerdings erst sehr spät aus. Dazu gehört der Wasserdost (*Eupatorium*), der manchmal erst Anfang Mai erscheint, aber auch die Oktober-Margeriten (*Leucanthemella serotina* 'Herbststern') oder Gräser wie die Ruten-Hirse (*Panicum virgatum* 'Northwind').

3 Hochsommer

Vier Wochen später hat sich das Beet deutlich gewandelt. Nun übernehmen klassische Stauden des Hochsommers die Fläche, wie Flammenblumen (hier ein unbenannter Sämling), Indianernesseln (*Monarda*) und im Hintergrund Wasserdost in Rosa (*Eupatorium purpureum* 'Riesenschirm') und Weiß (*Eupatorium maculatum* 'Bartered Pride'). Dazu kommen die Blüte der Wald-Schmielen (*Deschampsia*) und die Samenstände der Weidenröschen, die für Leichtigkeit sorgen. Ähnlich wirken die unzähligen roten Kerzen des Staudenknöterichs (*Persicaria amplexicaule* 'Firetail'), die nun bis zum Frost für Farbe sorgen werden. Im Hintergrund des Beets verstecken sich noch Eisenkraut (*Verbena hastata* in Lila und Rosa), verschiedene Wiesenknöpfe (*Sanguisorba tenuifolia*, S. 'Pink Brushes') und eine lockerwüchsige Stockmalven-Art aus dem Mittelmeerraum (*Althea cannabina*), deren kleine rosa Blütchen an meterhohen Stängeln schweben.

Spannung erhält das Beet durch die unterschiedlichen Wuchs- und Blütenformen. So treffen die Kerzen des Knöterichs auf die eher rundlichen Blütenstände des Phlox, die Indianernesseln sind mit dem Weidenröschen kombiniert und im Hintergrund nehmen die Dolden des Wasserdosts deren Blütenformen wieder auf. Die Rispen der Gräser wirken wie Wolken, die kompakte Erscheinungsform des Phlox fungiert als Ruhepol und ganz hinten setzt die Weidenblättrige Sonnenblume (*Helianthus salicifolius*) den Charakter der Gräser fort.

Um diese Jahreszeit ist der erste große Rückschnitt bereits erfolgt. Zurückgenommen wurden vor allem die Storchschnäbel und die Katzenminze, bald werden die Weidenröschen folgen. Wichtig beim Schnitt ist, keine zu großen Lücken zu hinterlassen, weil sich viele Stauden aufeinander stützen. Hier ist es besser, manche Staude nur halb zurückzunehmen, um ein Kippen der Nachbarn zu vermeiden.

2 Frühsommer

Etwa zur Zeit der Sonnenwende sind die Stauden so weit entwickelt, dass die Staffelung erkennbar wird. Im Vordergrund wachsen Stauden, deren Form das Beet abschließt, wie die Fetthenne (*Sedum* 'Iceberg'), Kissen-Aster (*Aster dumosus*) oder das Perlkörbchen (*Anaphalis triplinervis* 'Silberregen'). Aufgrund ihres überhängenden Wuchses eignen sich auch halbhohe Gräser (*Deschampsia cespitosa* 'Goldtau' und *D. flexuosa*) und der Staudenknöterich (*Persicaria amplexicaule* 'Firetail'). In der zweiten Reihe schließen halbhohe Stauden an, die entweder nicht ganz stabil sind, wie die Storchschnabel-Sorten (*Geranium* 'Spinners' in Blau und 'Ivan' in Pink), oder zu Blattverlust an den Stängeln neigen, wie Blutweiderich (*Lythrum virgatum* 'Swirl') oder Sonnenhut (*Echinacea purpurea*). Dahinter erst befinden sich die hohen Stauden, die mit ihren Blütenständen aus dem Meer aufragen, wie die blaue Katzenminze (*Nepeta kubanica*) oder die ersten Blütenstände des Weidenröschens (*Epilobium angustifolium*). An der südlichen – linken – Seite des Beets befinden sich Stauden, die mehr Sonne benötigen, wie das Blaue Mannstreu (*Eryngium × zabelii* 'Jos Eijking') oder der bernsteinfarbig blühende Salbei der Sorte 'Amber'.

Im Beethintergrund wirken vorerst noch die Blattstrukturen, wobei die dunklen Stängel der *Aster* 'Arcturus' schon jetzt hervorstechen. Den Boden am Beetabschluss habe ich um diese Jahreszeit frisch nachgemulcht, um Trockenheitsrisse zu vermeiden und die Feuchtigkeit besser im Boden zu behalten. Besonders im Sommer, wenn es länger heiß ist und Niederschläge ausbleiben, hilft diese Methode den Stauden. Manchmal hängen sie tagsüber, erholen sich aber in der Nacht wieder. Gegossen werden meine Beete nur, wenn es länger als drei Wochen nicht regnet. Dadurch wachsen die Stauden kompakt und müssen nicht gestützt werden.

4 Herbst

Viel später im Jahr, wenn für viele Gartenbesitzer die Saison schon dem Ende entgegengeht, blüht dieses Beet noch einmal auf. Dafür sorgen im September die duftenden Silberkerzen (*Actaea simplex*) und normalerweise zahlreiche Astern, die jedoch im Jahr, als diese Bildserie entstand, einer langen Trockenperiode zum Opfer fielen. Glücklicherweise stören solche Rückschläge nur uns Gärtner – die Pflanzen legen nur ihre oberirdischen Organe still und bereiten sich unbeirrt aufs kommende Jahr und eine neue Chance auf Blüten vor. So fällt der Herbstaspekt auf dem Foto etwas artenärmer aus als gewöhnlich. Mitten im Beet habe ich eine Pflanze platziert, die selten verwendet wird, obwohl sie so schön ist: die Oktober-Margerite (*Leucanthemella serotina* 'Herbststern'). Ihr reines Weiß strahlt besonders in Kombination mit dunklen Astern oder bereits welken Staudenpartnern. Im Vordergrund erblühen nun die Kissen-Astern und das Perlpfötchen und die Wald-Schmiele beweisen ihre Gartenwürdigkeit mit noch immer kompakten, haltbaren Blütenwolken.

Je kühler die Nächte werden, desto stärker färben sich die Stauden um. Mit hellen, wolligen Samenständen und gelbem Laub fällt der Wasserdost noch einmal auf, ehe seine Blütendolden und Stängel zum Wintergerüst des Beets werden. Der Staudenknöterich im Vordergrund blüht jedes Jahr, bis die ersten Bodenfröste sein empfindliches Laub dunkelbraun verfärben. Hier ist vor dem Winter ein Rückschnitt angesagt, da seine Stängel rasch umknicken und die gesamte Pflanze zum Liegen kommt. Um diese Jahreszeit überprüfe ich das Beet und entferne alles, was jetzt schon umgeknickt ist oder instabil auf mich wirkt. Der Rest der Stauden kann den Winter über stehen bleiben. Bei Raureif sind besonders der Wasserdost, Indianernesseln, Herbst-Sedum und die Reste der Sonnenhüte hübsch anzusehen und bieten nebenbei Kleintieren Schutz vor Winterkälte. Nicht zuletzt erhalten die welken Reste der Stauden die Struktur des Gartens aufrecht und tragen die Höhenstaffelung bis ins neue Jahr hinein.

1 Frühjahr

Die drei Beete, die auf den Bildern zu sehen sind, wurden nacheinander angelegt, wobei die Zier-Kirsche im ältesten Beet wächst – es ist auf den Bildern vier Jahre alt. Das Beet im Vordergrund ist am jüngsten und zeigt sich auf den Bildern in seiner zweiten Saison. Alle Flächen wurden so angelegt, dass sich Formen entweder spiegeln oder zu beiden Seiten des Wegs weiten und der Betrachter durch die Beete geleitet wird. Saubere Beetkanten kann ich leider nicht immer verwirklichen, da sich an den ungemulchten Rändern häufig Stauden einfinden, die gut dorthin passen. So wird der Rasen ständig weniger und die Beete wurden größer.

Da Stauden in sonnigen Lagen ihr Jahr langsamer beginnen, habe ich für die Blüte im Frühling verschiedene Narzissen (vor allem *Narcissus triandrus* 'Thalia') gepflanzt. Leider ist der Boden durchlässig und im Sommer trocken, weshalb sie nicht sehr langlebig sind. Mit Tulpen habe ich bessere Erfahrungen gemacht. Unter der Zier-Kirsche (*Prunus subhirtella* 'Accolade') vermehren sich Schneeglöckchen (Galanthus nivalis) zwischen den Stauden. In den ersten Aprilwochen treiben die meisten Stauden aus und bilden einen vielfältigen Teppich aus verschiedensten Grüntönen. Besonders eindrucksvoll und für zarte Stauden sehr wuchtig ist der Austrieb der großen Zier-Lauch-Sorten (*Allium* 'Purple Sensation', 'Globemaster', 'Mount Everest'). Es empfiehlt sich, sie nur zwischen robusten und stattlichen Stauden zu pflanzen, deren kräftiger Blattbusch nach der Blüte den einziehenden Lauch verdeckt.

Der Rückschnitt der Beete erfolgt im Frühling, wobei ich den anfallenden Schnitt vor Ort häcksle und gleich wieder ausbringe. Dadurch verringere ich den Anflug von Unkrautsamen und auch die Selbstaussaat der Stauden.

2 Frühsommer

Einen Monat später sind die Stauden schon so weit ausgetrieben, dass die Struktur der Beete langsam erkennbar wird. Noch immer zeigt der Großteil der Stauden keine Blüten, sondern nur halbkugelige Laubbüsche. Im Vordergrund sind es vor allem Glockenblumen (*Campanula lactiflora*), Indianernesseln (*Monarda*), Wiesenknopf (*Sanguisorba*) und Flammenblumen (*Phlox paniculata*), die vorerst noch in Blattmasse investieren. Zwischen ihnen verwelken die Reste der schwarzen Tulpe 'Queen of Night'. Für Farbe sorgt nur eine Handvoll verschiedener Stauden, die ich über die Beetgrenzen hinweg verwende oder aussäen lasse und gezielt jäte. Mit diesem Trick erscheinen die Beete als Einheit und bekommen den Charakter einer Wiese. Als besonders effektiv und bei Bedarf leicht zu jäten hat sich die Rote Lichtnelke (*Silene dioica*) erwiesen. Sie ist in den Wiesen ringsum heimisch, wird aber nur in Beeten so beeindruckend groß. In der Gartenkultur spielt sie keine große Rolle, dabei gibt es nur wenige Stauden, die schon so früh im Jahr eine vergleichbare Blütenfülle aufweisen. Farblich passen dazu Akeleien (*Aquilegia vulgaris*), Jakobsleiter (*Polemonium caeruleum*), Zier-Lauch (*Allium*) und der dunkelblättrige Wiesen-Kerbel (*Anthriscus sylvestris* 'Ravenswing'). Ganz im Hintergrund zieht ein großer Busch der Sumpf-Wolfsmilch (*Euphorbia palustris* 'Walenburg's Glory') die Blicke auf sich. Etwas später führen Nachtviolen *(Hesperis matronalis)* mit ihren duftenden Blüten die Hauptfarben der Beete weiter, ebenso die Storchschnäbel (in diesen Beeten *Geranium psilostemon* 'Kolchis' und 'Ivan'). Weitere Stauden, die zu dieser Zeit blühen und im Umfeld dieser Beete verwendet werden, sind Bart-Iris (*Iris barbata*) sowie Nelkenwurze (*Geum*), Schlangenknöterich (*Persicaria bistorta*) und Akeleiblättrige Wiesenraute (*Thalictrum aquilegifolium*).

3 Hochsommer

Zwei Wochen nach Sonnenwende beginnt schließlich die Zeit der Sommerstauden. Als Erste startet meistens die weiße Geißraute (*Galega × hartlandii* 'Alba') im Beet gegenüber mit der Blüte, dann schließen nahtlos die Flammenblumen an. Im Vordergrund dominieren eine dunkle Sorte (*Phlox* 'Blauer Morgen'), Weiße Vexiernelken (*Lychnis coronaria* 'Alba') und die eindrucksvollen Kerzen des Schmalblättrigen Weidenröschens (*Epilobium angustifolium*). Diese Staude ist bei aller Schönheit mit Vorsicht zu genießen, da sie sich mit unterirdischen Ausläufern enorm ausbreitet. Ich kann sie nur deshalb im Beet halten, weil ich sehr leichten Boden habe und unerwünschte Ausläufer im Frühling einfach aus dem Beet ziehe. Auf Lehm, wo das nicht möglich ist, sollte besser auf diese Staude verzichtet werden. Ebenso wüchsig ist die ausdauernde Staudenwicke (*Lathyrus latifolius*), deren rosa Blüten von rechts ins Bild ragen, denn sie sät sich reichlich aus.

Das Gras mit den bräunlichen Ähren im Hintergrund ist das Wimper-Perlgras (*Melica ciliata*), eine hübsche Staude für warme Standorte, die sich ebenfalls reichlich aussät. Man erkennt die behaarten Grashalme aber leicht und kann so gezielt jäten. Gartenwürdig ist dieses Gras aufgrund seiner frühen Blüte mit hellen Bürstchen, die sich gut zwischen den Frühsommerblühern machen.

Die Beete werden nun bis zum Frost weiterblühen, da in weiterer Folge Indianernesseln (*Monarda*), Sommerastern (*Kalimeris incisa* 'Charlotte') und Wiesenknöpfe (*Sanguisorba*) zu Sonnenbraut (*Helenium*), Wasserdost (*Eupatorium purpureum*) und schließlich Astern überleiten. Die verholzten Stängel dieser Stauden sorgen auch den Winter über für Kulisse und sind so in der Lage, das ganze Jahr über für Räumlichkeit und Beetstruktur zu sorgen (siehe Bild S. 121). Aufgrund der dichten Pflanzung und der üppigen Vielfalt sind das Jahr über zwei Schnittdurchgänge notwendig, der erste Mitte Juni und der zweite Mitte August.

1

2

1 Frühsommer

Im Zuge des Hausbaus wurde bei uns an einer sonnigen, südlich ausgerichteten Fläche statt mit Humus mit sandigem Schotter aus dem Untergrund angeglichen. Nachdem etliche Pflanzversuche gescheitert waren, gestalteten wir die Fläche neu, und zwar mit Stauden, die genau diese Bedingungen bevorzugen. Die Auswahl an Stauden für solche Standorte ist enorm, denn abseits bekannter Trockenheitsliebhaber wie Katzenminzen (*Nepeta*), Schwertlilien (*Iris*) und Astern gibt es unzählige weitere Pflanzen aus trockenen Erdteilen, die gerade mageren Boden und Trockenheit brauchen, um sich entwickeln zu können. Damit eröffneten sich neue Möglichkeiten. Im gezeigten Ausschnitt bevölkern gleich im Frühling Geophyten wie Traubenhyazinthen (*Muscari*) und Tulpen die Fläche. Danach treiben die Schwertlilien (*Iris*) ihr frisches Laub, ehe Gräser, Astern und weitere anschließen. Für Farbe sorgen zudem Bergenien, außerdem haben sich Akeleien (*Aquilegia*) und Flockenblumen (*Centaurea montana*) angesiedelt und erweitern das Farbspektrum.

Weil sonnenhungrige Stauden mit engem Stand nicht klarkommen, sollten solche Anlagen schütterer bepflanzt sein als andere Beete. Die freien Zwischenräume sollte man daher regelmäßig mit Kies nachmulchen, um die Keimung von unerwünschten Stauden zu verringern. Davon abgesehen sind Kiesbeete, die auf geeignetem Untergrund angelegt werden, einfach zu pflegen. Sie müssen lediglich, wie andere Staudenbeete auch, im Herbst oder Frühling zurückgeschnitten werden, benötigen jedoch nur punktuelle Düngung, da die meisten verwendeten Stauden magere Böden bevorzugen. Was vermieden werden sollte, sind Unkrautsperren, die längere Haltbarkeit versprechen: Damit verhindert man nicht nur Unkrautaussaat, sondern auch die erwünschte Vermehrung angepasster Stauden und beraubt sich damit eines wesentlichen Elements des Kiesgartens: Überraschung und Wandlungsfähigkeit von Saison zu Saison.

2 Hochsommer

Etwas mehr als zwei Monate später hat sich der Eindruck völlig gewandelt: Die Iris sind nun verblüht, nur mehr ihr spitzes Laub fällt auf. Dafür geben jetzt andere Stauden den Ton an, allen voran die Montbretien (*Crocosmia* × *crocosmiiflora* 'Lucifer'), deren lange Blütenrispen über dem Beet zu schweben scheinen. Diese mehrjährigen Knollenpflanzen benötigen einen durchlässigen Standort – dann sind sie vollkommen winterhart. Die ungewöhnliche Kombination mit Rosa war ein Versuch, der durch die Pflanzen des Purpur-Sonnenhuts (*Echinacea purpurea*), die sich dort selbst ausgesät haben, noch verstärkt wurde. Bewusst gesetzt wurde die Pflanze im Vordergrund, eine rosa Sorte der Wegwarte (*Chichorium intybus* 'Rosea'), deren Blüten über lange Zeit hinweg erscheinen. Zwischen den Pflanzen taucht, farblich passend, der Kugelköpfige Lauch (*Allium sphaerocephalon*) mit seinen schlanken Blütenständen auf. Links schiebt der Stachlige Bärenklau (*Acanthus spinosus*) seine exotische Blüte ins Bild, davor beginnt eine Sommeraster (*Kalimeris mongolica* 'Antonia') zu blühen. Dazwischen blühen außerdem Leinkraut (*Linaria purpurea*), das leider zum Wuchern neigt, Vexiernelken (*Lychnis coronaria* ‚Alba') und der Quirlblütige Salbei (*Salvia verticilliata*), ein echter Trockenheitskünstler. Alle Stauden sind aufgrund der Trockenheit kompakt gewachsen und standfest; ein weiterer Vorteil standortgerechter Bepflanzung.

Im Hintergrund sieht man links die Rispige Graslilie (*Anthericum ramosum*), eine heimische Staude, deren lockere, feine Blütenrispen Leichtigkeit in ein Beet zaubern. Die grüngelben Blüten gehören zu *Solidaster luteus*, einer Pflanzengattung, die eine Kreuzung zwischen Goldrute (*Solidago*) und Aster darstellt; ich habe hier die Sorte 'Greenfinch' gepflanzt, aber es gibt einige weitere. Ganz entgegen ihren Eltern wuchert diese Staude nicht, bietet dafür aber reiche Blütenfülle in einer gut kombinierbaren Farbe.

Halbschatten und Schatten

Gartenbereiche, die nicht direkt von der Sonne beschienen werden, sondern im Schatten von Bäumen, Häusern oder Mauern liegen, werden oft als Problemzonen empfunden. Dabei sind sie auch in der Natur immer bewachsen - zwar nicht unbedingt mit bunten Blüten, aber doch grün und üppig. Überbordende Blütenmeere, hohe Stauden und Farben das ganze Jahr über wird man im Schatten jedoch vergeblich suchen und das gilt es, sich vor Augen zu halten, wenn man ein Beet im Schatten anlegen möchte.

Schatten, Wald und Anpassung

Um Pflanzengesellschaften im Schatten besser verstehen zu können, ist ein Blick in die Natur notwendig, denn der Schatten ist ein spezieller Lebensraum. Bis auf die Randbereiche eines Waldes, wo auch andere Pflanzen Chancen haben, gedeihen in seinem Inneren nur Arten, die perfekt an die Lichtverhältnisse angepasst sind. Wenn man sich einen Laubwald vorstellt - und dies sind die artenreichsten Wälder -, so herrscht dort vom Frühling bis zum Sommer angenehm kühles Klima mit regelmäßigen Niederschlägen besonders im Winterhalbjahr. Hin und wieder fallen Sonnenstrahlen auf den Waldboden, der von altem Laub und abgebrochenen Ästen bedeckt ist. Dieser ständige Eintrag an organischem Material führt zu humosen, lockeren Böden, die Feuchtigkeit wie ein Schwamm aufsaugen können und sie danach langsam an die Pflanzen abgeben, ohne Staunässe zu verursachen. Licht ist im Wald Mangelware, deswegen wachsen Bäume schnellstmöglich nach oben. Nur ganz früh im Jahr, wenige Tage, nachdem der Schnee geschmolzen ist und ehe das Laub der Bäume austreibt, erreicht die Sonne den Waldboden.

Diese kurze Zeitspanne wird von einer Gruppe von Pflanzen genutzt, die schon in den Monaten zuvor ihre Blüten und Blätter gebildet haben und nur darauf warten, dass es warm wird. Sobald der Waldboden eine bestimmte Temperatur erreicht hat, erscheinen die Blüten - oft in Massen -

und locken Insekten an, wie etwa Buschwindröschen (*Anemone nemorosa*) und Hohler Lerchensporn (*Corydalis cava*). Ihre Pracht dauert nur ein paar Tage. Dann verwelken die oberirischen Teile, die Samen werden in Windeseile reif und die Pflanzen ziehen sich in ihre unterirdische Überdauerungsorgane zurück. Mit deren Hilfe überleben sie den schattigen und häufig auch trockenen Sommer. Sie sind die schnellsten Stauden, ihr Jahr ist bereits nach wenigen Wochen abgeschlossen. Andere lassen sich länger Zeit. Manche Frühblüher wie Leberblümchen (*Hepatica nobilis*) oder Christrose (*Helleborus niger*) haben extra ledriges, festes Laub, das widerstandsfähig ist und dem auch Trockenheit nichts anhaben kann; es bleibt sogar den Winter über grün.

Eine weitere Gruppe von Stauden setzt nicht auf diese kurze Zeitspanne, sondern hat sich auf Ausdauer spezialisiert. Zu ihr zählen Pflanzen wie Farne, Moose und Flechten, die sich unabhängig von Bestäubern verbreiten und häufig sehr alt werden. Sie wachsen langsam und bedächtig und besonders Farne haben feinteiliges Laub, das bei manchen Arten beeindruckend groß wird. Es passt hervorragend zu einer weiteren Gruppe, die für Gartenzwecke ausgesprochen geeignet ist: Pflanzen mit großem Blattwerk. Dieses ermöglicht ihnen mithilfe der vergrößerten Fläche auch ohne direkte

LINKS Primeln brauchen Böden, die nie ganz austrocknen und gut mit Nährstoffen versorgt sind. Daher sind sie im Halbschatten gut aufgehoben. Sie sollten von Zeit zu Zeit geteilt werden, damit sie vital bleiben und reichlich blühen.

RECHTS Leberblümchen (*Hepatica nobilis*) sehen zwar zart aus, gehören aber zu den robustesten Frühlingsblühern. Sie verlangen einen freien Stand und viel Licht im Frühling sowie durchlässigen, humosen Boden – dann säen sie sich bereitwillig aus.

Sonneneinstrahlung genug Licht aufzufangen, um sich entwickeln zu können. Diese Spezialisierung hat jedoch einen Nachteil: Die große Oberfläche führt zu einer hohen Verdunstungsrate. Aus diesem Grund sind großblättrige Stauden auf mehr Feuchtigkeit angewiesen und reagieren auf trockene Standorte, wie sie unter flachwurzelnden Gehölzen oder unter Nadelbäumen häufig vorkommen, sehr empfindlich.

Ableitungen für den Garten

Wenn Sie ein Schattenbeet anlegen wollen, sollten Sie die speziellen Bedürfnisse der Pflanzen einplanen und nur geeignete Pflanzen auswählen sowie bereits bei der Anlage die Bedingungen optimieren. So verbessert das Ausbringen von

Kompost die Wasserspeicherfähigkeit und auch feuchtigkeitsbedürftigeren Pflanzen wird das Gedeihen erleichtert. Mulchen hilft ebenfalls, den Boden aufzuwerten. Auch die Anlage in der Nähe von Wasseranschlüssen, die das Gießen einfacher machen, kann eine solche Hilfe sein oder schlicht das Wissen darüber, dass im Sommer hin und wieder zusätzliche Wassergaben notwendig sind.

Problemzone Schatten?

Schattige Standorte werden von Gartenbesitzerinnen häufig als Problemzonen bezeichnet. Das liegt meist daran, dass zum reduziertem Lichteinfall noch weitere Erschwernisse hinzukommen: So ist der Boden unter Bäumen häufig trockener als auf Freiflächen, da Bäume aufgrund ihrer enormen Laubmasse dem Boden ständig Wasser entziehen und dazu ein dichtes Wurzelnetz aufgebaut haben. Stauden, die Feuchtigkeit benötigen und zu nah an den Stamm gepflanzt werden, haben so von Beginn an schlechte Karten. Klappt eine solche Pflanzung nicht, wird dem Schatten die Schuld gegeben. Besonders schwer ist die Ansiedlung von Stauden im Umfeld von Nadelbäumen oder vor alten Hecken, da der Boden so stark durchwurzelt ist, dass den neuen Stauden weder Wasser noch Nährstoffe bleiben.

Um Probleme wie diese nicht erst zu erkennen, wenn man die Pflanzen bereits gekauft und gar gepflanzt hat, lohnt es sich, die betreffende Fläche vorher genau zu betrachten und ein paar Pflanzlöcher auszuheben. So kann festgestellt werden, ob ein Beet überhaupt Sinn macht und welche Art von Stauden für den Standort infrage kommt. Handelt es sich um trockenes, stark durchwurzeltes Erdreich, vielleicht sogar mit etwas Hangneigung, dann kann ein kunstvoll arrangierter Topfgarten mit Farnen und Funkien eine befriedigendere Lösung sein als ein mühsam angelegtes Beet, in dem die Stauden wegen Wurzelkonkurrenz nie in die Gänge kommen oder gar eingehen. Wenn große Töpfe gewählt werden, können Funkien mehrere Jahre darin verbringen und werden bei ausreichender Düngung zu beeindruckenden Exemplaren, die einen Schattengarten optisch dominieren können – ohne sich überhaupt im Boden zu befinden. Auch einige Farne können im Topf gehalten werden; sie sind aber empfindlich gegen Austrocknung und brauchen regelmäßige Wassergaben.

Ideale Schattenplätze

Für ein schattiges Beet optimal sind Flächen unter tiefwurzelnden Laubbäumen und generell im Randbereich von

Baumkronen, da dort die Wurzelkonkurrenz mit Abstand zum Stamm immer geringer wird. Wer die Probe mit dem Pflanzloch macht und auf tiefgründigen, dunklen Boden trifft, kann sich freuen. Ist der Boden sandig oder verdichtet, was unter Bäumen häufig der Fall ist, muss er vor der Pflanzung aufgelockert werden. Vorsicht bei Baumwurzeln! Es gibt empfindliche Gehölze, deren Wurzelwerk man lieber nicht stören sollte. Bei eingewachsenen Baumriesen fallen ein paar durchstochene Wurzeln natürlich nicht so sehr ins Gewicht. Bei sehr festen Böden, die sich nur oberflächlich auflockern lassen, empfiehlt sich eine Erhöhung des Beetniveaus, sodass zusätzlicher Wurzelraum für die Pflanzen geschaffen wird. Mit dieser Maßnahme verbunden ist allerdings ein deutlich erhöhter Bedarf an Erde und Kompost, der nicht unterschätzt werden darf.

Wer schon eine Saison im Voraus weiß, wo ein Schattenbeet angelegt werden soll, kann die Fläche auch dick (mindestens 20 cm) mit Laub, Häckselgut und halbverrottetem Kompost mulchen. Auf diese Weise spart man sich das Umgraben und Auflockern, denn dafür sorgen die Bodenlebewesen. Sie vermischen den Untergrund mit dem aufgebrachten Material, das langsam zersetzt wird. So wird Boden geschaffen, wie er auch im Wald zu finden ist und wie ihn die meisten Waldpflanzen benötigen, um gut zu gedeihen.

Am günstigsten sind Beete hinter Gebäuden oder Mauern oder an der Nordseite von Hecken und tiefwurzelnden Bäumen, wo die Stauden ein paar Strahlen Sonne am Morgen und ein paar am Abend bekommen, hingegen die Mittagssonne, die in den heißen Sommermonaten den Boden austrocknet und die empfindlichen Blätter von Waldpflanzen verbrennen würde, abgeschirmt wird. Dieser Lebensraum entspricht einer Gehölzrandsituation, der man auch in der Natur häufig begegnet, wo sie Raum für eine ganze Reihe von Stauden bietet.

LINKS Für schattige Beete gibt es eine enorme Auswahl an frühblühenden Stauden. Die Gattung der Zahnwurze (*Cardamine*) ist dabei sehr ergiebig, aber auch Buschwindröschen (Anemone nemorosa) sind in etlichen Farbtönen erhältlich.

RECHTS Lungenkräuter, wie hier *Pulmonaria mollis* zusammen mit einem Kaukasusvergissmeinnicht, sind nicht nur wegen ihres Laubs wertvoll – ihre Blüten setzen im Frühling Akzente und werden vor allem von Hummeln gerne besucht.

1

3

2

4

1 Frühjahr

Die Schattenbeete an der tiefsten Stelle des Gartens sind ein Überbegriff für eine Reihe von Beeten, die sich nordöstlich einer hohen Mischhecke und unter zwei Apfelbäumen befinden. Die Lichtsituation ist nicht einheitlich, sondern verändert sich je nach Standort und Jahreszeit erheblich. Diese Vielfalt an Standorten, wie sie unter Laubbäumen häufig zu finden ist, bietet Platz für eine enorme Menge von Stauden, da man die unterschiedlichsten Bedürfnisse berücksichtigen kann. Schon im März und April sorgen Massenblüher wie der heimische Hohle Lerchensporn (*Corydalis cava*) zusammen mit Buschwindröschen (*Anemone nemorosa*), Leberblümchen (*Hepatica nobilis* und *H. transsilvanica*), Schneeglanz (*Chionodoxa luciliae*), Schneeglöckchen (*Galanthus nivalis*) und Narzissen für Fülle und Üppigkeit. Dazwischen habe ich einige Schattenstauden gepflanzt, die mit den Bedingungen gut klarkommen und im April an die kleinen Stauden anschließen. Dazu gehören etliche Zahnwurze (*Dentaria*), Frühlings-Platterbsen (*Lathyrus vernus*), Primeln, das Weiße Schattenschaumkraut (*Pachyphragma macrophylla*) und das Kaukasusvergissmeinnicht (*Brunnera macrophylla*) in verschiedenen Sorten zwischen Weiß und Blau. Eine wichtige Rolle übernehmen die Elfenblumen (*Epimedium*). Ihre bodendeckenden Vertreter (*E. × versicolor* 'Sulphureum', *E. × rubrum*, *E. pubigerum*) habe ich im Hintergrund und Richtung Hecke angesiedelt, in den Beeten verwende ich großblütige Arten wie *E. grandiflorum* und etliche neu entdeckte Arten und Hybriden, die mit großen oder zahlreichen Blüten aufwarten. Als besonders gartenwürdig haben sich hier die Sorte 'Amber Queen' sowie einige Wildarten (*E. stellulatum, E. fargesii, E. acuminatum*) erwiesen. Diese Stauden zieren im Frühjahr mit unzähligen, auf dünnen Stängeln schwebenden Blüten, denen ledrige, haltbare Blätter folgen, die vom Spätfrühling bis über den Winter hinaus – zum Teil mit Winterfärbung – für Struktur im Beet sorgen.

3 Herbst

Sobald die Tage kürzer werden, wird es auch im Schatten immer dunkler und nur wenige Blütenstauden sind an diese Bedingungen angepasst. Ausnahmen im Sommer sind die Prachtspieren (*Astilbe*) sowie später im Jahr ihr Verwandter, der Herbst-Steinbrech (*Saxifraga cortusifolia*), dessen weiße Blüten inmitten des oft schon welkendes Laubs der Nachbarn leuchten. Allerdings benötigt er etwas feuchte Böden und in rauen Lagen Winterschutz. Robuster sind da die herbstblühenden Alpenveilchen (*Cyclamen hederifolium, C. purpurascens*) – sie überdauern die trockenen Sommermonate als Knolle im Boden und tauchen erst im Spätsommer mit Blüten und Blättern wieder auf. Sie säen sich aus und können so bei ungestörtem Standort dichte Bestände bilden, die im Herbst noch für Farbe im Garten sorgen.

Von den Blüten abgesehen kommt nun noch einmal ein großer Auftritt der Blattschmuckstauden. Die Christrosen zeigen noch immer glänzend grüne Blätter. Ich habe in direkter Nachbarschaft den Maiapfel (*Podophyllum* 'Spotty Dotty', rechts unten) angesiedelt, der große, eingeschnittene Blätter trägt, die beim Austrieb stark getupft sind, im Laufe des Jahres aber etwas verblassen.

Die Herbstfärbung ist bei Stauden jedes Jahr unterschiedlich. Funkien sind aber meist ein Garant für spannendes Welken: Viele Sorten verfärben sich leuchtend Gelb, andere werden orange oder sogar geflammt. Auch Farne leuchten zum Saisonabschluss noch einmal besonders kräftig. Andere Stauden verwelken schon im Laufe des Sommers, besonders jene, die bereits im Frühling geblüht haben und nicht wie die Knollenpflanzen ganz schnell, sondern gemächlich den Sommer über einziehen. In solchen Fällen ist hin und wieder ein Rückschnitt ratsam, um die Struktur der Pflanzung zu erhalten.

2 Frühsommer

Etwa sechs Wochen später hat sich die Stimmung in diesem Gartenteil gewandelt: Aus einer weiten, farbigen Fläche mit Blick bis an den Zaun wurde eine kleine Lichtung, die, dicht bewachsen mit Waldpflanzen und Waldrandbewohnern, vom Apfelbaum beschattet wird. Die Hecke neigt sich zum Teil schon zu weit über die Beete und muss nach der Blüte geschnitten werden. Damit die Erde den Sommer über die Feuchtigkeit hält, mulche ich noch einmal nach.

Bei den Stauden haben nun die Blattschmuckpflanzen übernommen. Funkien (*Hosta*) und Christrosen (*Helleborus*) stehen im Kontrast zum dreiteiligen Laub der Elfenblumen, das mittlerweile erschienen ist. Dazu gesellen sich Salomonssiegel (*Polygonatum*) in verschiedenen Arten und Sorten sowie zahlreiche Farne. Besonders gartenwürdig sind Schildfarne (*Polystichum*), aber auch Pfauenradfarne (*Adianum pedatum*) sowie Wurmfarne (*Dryopteris*). Deren feingeteiltes Laub harmoniert mit den herzförmigen Blättern des Kaukasusvergissmeinnichts, das je nach Sorte silbern ('Jack Frost'), gelb panaschiert ('Hadspen Cream') oder silbern getupft ('Silver Wings') sein kann. Einige kurzlebige Blütenstauden wie Akeleien (*Aquilegia vulgaris*), Judaspfennig (*Lunaria annua*) und der Kambrische Wald-Scheinmohn (*Meconopsis cambrica*) wandern mithilfe von Selbstaussaat durch die Beete. Wo sie niemanden bedrängen, dürfen sie bleiben.

Wichtig ist auch hier die Höhenenstaffelung: Weil es ohnehin wenig Licht gibt, müssen kleine Stauden unbedingt vorne verwendet werden, wohingegen höhere auch in den hinteren Reihen glücklich werden. Als Beetabschluss eignen sich kleine Funkien, Leberblümchen (*Hepatica*), Schaumblüten (*Tiarella*), Lebendblatt (*Tolmiea menziesii*) oder auch der Balkan-Storchschnabel (*Geranium macrorrhizum*) oder niedrige Gräser, besonders aus der Familie der Seggen (*Carex*).

4 Winter

Im Winter sind die Schattenbeete der ruhigste Gartenteil. Das liegt daran, dass dort kaum hohe Stauden mit stabilen, eindrucksvollen Samenständen heimisch sind wie etwa in der Sonne. Wer hier Struktur aufbauen möchte, etwa in einem Vorgarten, muss auf Gehölze zurückgreifen. Mir genügt hier die Fülle des restlichen Jahres und ich halte mich rein auf Stauden beschränkt, deshalb wirken die Flächen an der Hecke bei Schnee ganz flach und leer.

Im Vergleich zu anderen Gartenteilen sollten bei der Pflege von Schattenbeeten einige Details beachtet werden: Vor allem den frühen Saisonstart müssen Sie bedenken! In manchen Jahren ist es schon Anfang März schwierig, für Rückschnittarbeiten die Beete zu betreten, ohne Frühblüher in Mitleidenschaft zu ziehen. Daher beginne ich meinen jährlichen Schnitt immer in den Schattenbeeten. Je nach Witterung kann das schon im Januar der Fall sein, wobei ich bei früh austreibenden Stauden wie Christrosen und Elfenblumen das Laub noch bis in den März hinein stehen lasse, da es die Knospen vor Frost und Schnee schützt. Die gleiche Funktion erfüllt das Falllaub der Gehölze im Umkreis, das ich komplett auf den Beeten belasse. Wer unter Bäumen mit großen, ledrigen Blättern gärtnert oder wo der Wind das Laub zu dick anweht, kann den Frühblühern den Austrieb erleichtern, indem er die dicksten Laubpakete abrecht. Diese Arbeit muss vorsichtig erfolgen und man muss danach unbedingt mit feinem Mulchmaterial nachbessern, damit der Boden bedeckt bleibt. Viel mehr als in anderen Gartenteilen ist im Schatten Mulch notwendig, um den Boden für Pflanzen fruchtbar und humos zu erhalten. Ich mulche meist im Frühling nach dem Rückschnitt und dann noch einmal im Frühsommer. Zwischendurch dünge ich dosiert mit Hornspänen oder reifem Kompost.
Davon abgesehen sind die schattigen Flächen sehr pflegeleicht, da während der Saison kaum Rückschnitt notwendig ist.

1

2

1 Frühjahr

Das gezeigte Beet liegt an der Nordseite eines kleinen Apfelbaums und im Westen schließt eine gemischte Hecke an, sodass die Pflanzen außer am Morgen keine direkte Sonne bekommen – ideale Verhältnisse für etliche Schattenstauden. Zum Zeitpunkt der Aufnahmen war es fünf Jahre alt. Ich habe den Boden mit Laubhumus verbessert und mulche zweimal im Jahr mit Holzhäcksel und Laub, um humosen Boden mit guter Wasserspeicherfähigkeit zu erhalten.

Besonders viel Farbe zeigt das Beet im Frühling. Je nach Witterung zwischen Ende März und Mitte April folgt auf Winterling (*Eranthis*) und Schneeglöckchen (*Galanthus*) eine Vielzahl an Schattenpflanzen. Unkompliziert ist die Christrose (*Helleborus orientalis*), deren weiße, rosa, dunkelpurpurne oder auch gefüllte Blüten bereits früh im Jahr Farbe in die Beete bringen. Wer Pastellfarben wie Rosa und Lila mag, kann die Frühlings-Platterbse (*Lathyrus vernus*) ansiedeln, die gut zum Blau des Kaukasusvergissmeinnichts (*Brunnera macrophylla*) passt. Für Farbkleckse im Vordergrund sorgen Teppich-Primeln (*Primula × pruhoniciana* 'Wanda'), die es in verschiedenen Farben gibt. Die gelben Blüten in der Mitte des Bildes gehören zum Japanischen Waldmohn (*Hylomecon japonicum*), der innerhalb weniger Wochen wieder einzieht und daher zwischen anderen Stauden platziert werden sollte. Im Hintergrund sieht man die sehr frühe Pfingstrose (*Paeonia mairei*). Zwischen den Pflanzen wachsen kleine Waldstauden wie Buschwindröschen (*Anemone nemorosa*), Lungenkraut (Pulmonaria) und Milzkraut (*Chrysosplenium alternifolium*), das sich von selbst eingefunden hat. Für zusätzliche Farbe können Zwiebelpflanzen wie Tulpen, Narzissen oder Traubenhyazinthen gepflanzt werden. Nicht zu vernachlässigen ist außerdem das frische Laub der anderen Stauden. In dieser Jahreszeit ändert sich der Garten täglich.

2 Frühsommer

Nur drei Wochen später hat sich das Bild komplett gewandelt. Die farbenfrohen Frühblüher sind verblüht, dafür sind Blattschmuckstauden erschienen, die vorher kaum sichtbar waren. Sie dominieren nun bis Jahresende das Beet. Besonders auffällig ist das glänzend grüne Laub der Christrose links im Bild. Daneben schließt mit silbernen Blättern und blauen Blüten das Kaukasusvergissmeinnicht 'Silver Wings' an. Die hellen Blüten links neben der blauen Funkie gehören zur Mondviole (*Lunaria rediviva*), einer ausdauernden Verwandten des Judaspfennigs, deren Blüten intensiv duften. Im Hintergrund zieht das Tafelblatt (*Astilboides tabularis*) die Blicke auf sich. Diese Staude benötigt tiefgründigen Boden, der nie ganz austrocknet, da seine großen Blätter sonst welken. Das Blau der Funkie wird rechts im Vordergrund vom Gedenkemein (*Omphalodes cappadocica*) aufgenommen und mit den weißen Blüten der Schaumblüte (*Tiarella cordifolia*) zum Leuchten gebracht. Helle Blüten zeigt auch die Dreiblattlilie (*Trillium flexipes*), eine langsam wachsende Pflanze für eine geschützte Stelle in humosem Boden. Auflockerung erfährt das Beet durch die roten Blätter des Purpurglöckchens (*Heuchera*), die feinen Halme des Japanwaldgrases (*Hakonechloa macra*) und im Hintergrund mit Farnen. Die zartgelb blühende Pflanze rechts hinten ist *Saruma henryi*, eine verhältnismäßig neue Schattenstaude aus den Bergwäldern Chinas, die ausgesprochen anspruchslos ist. Sie treibt bronzefarben und mit dicht behaartem Laub aus dem Boden.

Das Konzept des Beets ist das eines dichten, ganzjährig attraktiven Teppichs aus unterschiedlichsten Stauden. Im Sommer und Herbst blühen hier noch Wiesenrauten (*Thalictrum delavayi* 'Album') und Alpenveilchen (*Cyclamen hederifolium*), das Laub der Letzteren sorgt zusammen mit dem von Christrosen, Elfenblumen (*Epimedium*) und Farnen auch im Winter für Fülle.

Das Anlegen von Beeten

Nach der Planung kommt der spannendste Teil bei der Anlage von Beeten: Umgraben, Einkaufen und Pflanzen. Im Vergleich mit später muss hier am kräftigsten zugepackt werden – aber es lohnt sich.

Vorbereitung

Nachdem Sie lange genug über Pflanzenkatalogen gebrütet, Pflanzenlisten geschrieben und wieder verworfen haben, werden Sie schlussendlich einen Plan für Ihr Beet entwickelt haben. Ob dieser tatsächlich auf Papier festgehalten ist oder nur in Ihrem Kopf existiert, tut nichts zur Sache – in jedem Fall müssen Sie den Schritt von der Theorie zur Praxis vollziehen und vom Schreibtisch oder vom PC zur Erde wechseln.

Die beiden ersten Schritte zum Staudenbeet bestehen im Vorbereiten der Pflanzfläche und im Kauf der Pflanzen.

Festlegen von Form und Größe

Sie haben den Ort, an dem Ihr Beet entstehen soll, sicher schon vorher genau inspiziert und den Ort für passend befunden: Nun geht es darum, die Form der Pflanzung festzulegen. Dazu können Sie die Umrisse mit einer Schnur legen, die Sie mit kleinen Stäben fixieren, oder Sie streuen Sand oder Sägespäne. Achten Sie darauf, das Beet passend in die Umgebung zu integrieren und entlang von Wegen rechtzeitig schmäler werden zu lassen – Stauden wachsen rasch und hängen bei Regen gerne mal etwas über. Verzichten Sie auf zu viele Ausbuchtungen und Bögen, sondern legen Sie klare, unmissverständliche Kurven. Sie lenken damit den Blick, lassen Blickachsen und Durchblicke entstehen. Manchmal wird einem erst vor Ort klar, wie ein Beet am besten wirken könnte – daher ist es oftmals unnötige Mühe, Pflanzskizzen zu genau zu zeichnen, da sich nachher noch einiges ändert. Meistens sind Beete zu klein bemessen. Wenn Sie Platz haben, seien Sie großzügig! Das gilt besonders für Freiflächen, bei denen man sich bei der Planung mutig vom Rand lösen und Inselbeete in Betracht ziehen sollte.

Überlegen Sie auch, wie das Beet für Pflegearbeiten zugänglich sein soll! Bei größeren Flächen bieten sich schmale Bearbeitungswege oder Freiflächen, die mit flachen Steinen markiert werden können, für eine leichtere Erreichbarkeit aller Beetteile an. Diese Zugänge sind besonders im Frühling wichtig, damit beim Rückschnitt keine Frühblüher zertreten werden. Im Sommer können sie ohne Weiteres zuwachsen und sollten daher auch nicht zu groß dimensioniert sein.

Sobald die Form festliegt, kann man mit der eigentlichen Arbeit beginnen. Falls Sie die Wahl haben, ist trockenes Wetter feuchtem vorzuziehen, da die Erde dann leichter bearbeitet werden kann – außer bei schwerem Lehmboden. Dieser ist nur nach Regen formbar, danach wird er fest und das Umgraben zur Geduldsprobe.

Bodenvorbereitung und Umgraben

Bei vorhandenen Pflanzen sollte entschieden werden, ob sie in die neue Pflanzung integriert, umgesiedelt oder entfernt werden sollen. Besondere Vorsicht ist bei größeren Gehölzen geboten: Viele Sträucher sind Flachwurzler und erschweren anderen Pflanzen in ihrer Nähe das Wachstum, da sie ihnen Feuchtigkeit und Nährstoffe streitig machen. Hier sollte man entweder auf genügend Abstand achten oder abwägen, ob der Strauch zum Beet passt, und ihn eher roden, als gezwungenermaßen zu integrieren.

LINKS Trichterfarne (*Matteuccia struthiopteris*), die mit ihren Ausläufern gerne die Umgebung erobern, sind in Inselbeeten gut aufgehoben. Mit regelmäßigem Rasenmähen können sie problemlos unter Kontrolle gehalten werden. Passende Partner für diese monumentalen Stauden sind robuste Storchschnäbel (*Geranium × oxonianum*), die Süßdolde (*Myrrhis odorata*) oder großblättrige Funkien.

Auch vorhandene Stauden sollten nicht automatisch übernommen werden. Oft verringern sie mit ihrem Wuchs oder ihrer Blütenfarbe die Auswahl der anderen Pflanzen, da sie ein Farbschema vorgeben oder es handelt sich um eine sehr wüchsige Art, die neu gepflanzte Nachbarn, die sich erst eingewöhnen müssen, rasch überwuchern würde. Wenn Ihre Beetfläche eine leere Wiese ist, haben Sie es am einfachsten: Sie können einfach loslegen.

Bei der Vorbereitung einer Pflanzfläche gibt es verschiedene Methoden, die alle zum Ziel führen. Wofür man sich entscheidet, hängt vom bestehenden Bewuchs des zukünftigen Beetes ab und auch, wie viel Zeit zwischen Bodenvorbereitung und Pflanzung liegen wird. Wer einige Monate vor der Pflanzung die Form festlegt, kann die Fläche ein bis zwei Spaten tief ausstechen und die Grassoden verkehrt herum wieder hinlegen. Wenn man dann noch etwas Rasenschnitt, Laub und Kompost aufträgt, werden die Bodenorganismen die Arbeit erledigen, das Gras zersetzen und in einigen Monaten (oder den Winter über) krümeligen Boden erschaffen. Dieser muss dann im Frühling nur mehr mit etwas Kompost bestreut werden, den man mit der Gabel einarbeitet und so sicherstellt, dass der Boden überall gelockert ist.

Diese Vorgehensweise ist aber leider nicht immer möglich. Oft ist der Boden so sehr verdichtet, dass er erst nach sehr langer Zeit und unter Zugabe von sehr viel Mulch krümelig werden würde. Und meistens plant man Beete nicht so weit im Voraus, sondern sitzt im Winter über den Listen und möchte im Frühling dann gleich loslegen.

In diesem Fall müssen die Grassoden flach abgestochen werden. Das ist auch zu empfehlen, wenn die vorgesehene Fläche eine Wiese mit konkurrenzstarkem Bewuchs ist oder es sich überhaupt um verunkrautete Flächen handelt. Robuste Pflanzen lassen sich durch Hinlegen mit den Wurzeln nach oben nämlich nicht aus dem Konzept bringen und wachsen munter weiter – mitten in die neu gepflanzten Stauden hinein. Daher sticht man die Grassoden knapp unter dem Bewuchs ab, schüttelt sie – sofern man leichten Boden hat – etwas aus und kompostiert sie in einer schattigen Gartenecke, wo sie in ein bis zwei Jahren zu guter Erde werden.

Die abgezogene Fläche muss nun möglichst tief umgestochen werden. Bei schwerem, lehmigem Boden müssen die entstandenen Schollen schnell zerschlagen werden, da sie bei warmem, trockenem Wetter rasch hart wie Beton werden. Hat man mit den Soden viel Erde entfernt, muss

zusätzliche aufgebracht werden. Die Auflockerung des Bodens ist wichtig, da so den Stauden das Einwurzeln ins Erdreich erleichtert wird. Das neue Beet sollte dabei ein etwas höheres Niveau als die umgebende Fläche aufweisen, da umgegrabene Erde lockerer liegt und innerhalb weniger Wochen ohnehin wieder zusammensinkt.

Hat man die zusätzliche Erde angeglichen, streut man noch etwas Kompost auf. Hier ist weniger mehr, da gerade Neuanlagen, an deren Stelle vorher keine Stauden waren, meistens über ausreichend Nährstoffe verfügen. Um die exakten Nährstoffmengen im Boden festzustellen, empfiehlt sich eine Bodenprobe. Kompost wirkt jedoch nicht nur als Dünger - er verbessert auch die Bodenstruktur, macht lehmigen Boden krümelig und verbessert die Wasserspeicherfähigkeit von sandigen Böden (siehe S. 16). Daher sollte man nicht auf Kompost verzichten, aber die Menge je nach Bodenart variieren. Eine Schicht von 3 cm ist aber in der Regel ausreichend! Besser, man streut im kommenden Frühling noch einmal nach. Am Ende wird die Fläche glatt gerecht und man freut sich über die erledigte Arbeit. Nichts macht mehr Freude als ein dem Boden abgerungenes, zur Bepflanzung fertiges Beet. Genießen Sie den Anblick!

LINKS Diese Pflanzung im Sichtungsgarten Weihenstephan ist für feuchtere Standorte entworfen und vergesellschaftet Trollblumen (*Trollius europaeus*), Sumpf-Wolfsmilch (*Euphorbia palustris*) und Prärielilien (*Camassia*) mit weißer Jakobsleiter (Polemonium caeruleum 'Album'), verschiedene Sorten Sibirischer Iris, Beinwell (*Symphytum*), Frauenmantel (*Alchemilla mollis*) und Narzissen.

RECHTS In England kann die Farbe Blau - die bei Stauden selten ist - aufgrund der milderen Witterung mit Schmucklilien (*Agapanthus*) in die Beete gebracht werden. Ein besonders starker Kontrast ergibt sich in Kombination mit der leuchtend orange blühenden Montbretie (*Crocosmia 'Lucifer'*), die bei sonnigem Standort und durchlässigem Boden auch unsere Winter aushält.

Der Pflanzenkauf

Anbieter für Pflanzen gibt es wie Sand am Meer. Wer im Internet nach Stauden sucht, wird unzählige Treffer landen und auf interessante Gärtnereien im In- und Ausland stoßen. Wer das Glück hat, in der Region bereits eine gut bestückte Staudengärtnerei zu kennen, sollte einfach dort nachfragen, ob die gewünschten Pflanzen erhältlich sind. Viele Gärtnereien verfügen zusätzlich über Internetseiten, auf denen Sie die Sortimente durchforsten können. Sollten Sie noch keine Staudengärtnerei gefunden oder bisher Pflanzen in Pflanzenmärkten gekauft haben, kann Ihnen die Liste im Anhang weiterhelfen.

Falls Sie noch nie eine Staudengärtnerei besucht haben, sollten Sie sich einen solchen Ausflug nicht entgehen lassen. Neben Informationen zu den gewünschten Pflanzen erhalten Sie Einblick in die Verwendung von Pflanzen, denn fast alle Betriebe verfügen neben interessanten Sortimenten mit vielen unbekannten Gewächsen über Schaupflanzungen, in denen man die angebotenen Pflanzen ausgewachsen in Gartensituationen betrachten kann. Das ist hilfreich, denn im Gegensatz zum Angebot in Gartencentern, wo häufig überdüngte und empfindliche Staudenbüsche angeboten werden, befinden sich die Pflanzen aus spezialisierten Betrieben in viel kleineren Töpfen. Sie werden nicht unnötig gedüngt und sind daher meist noch recht klein oder blühen noch nicht. Das ist kein Zeichen von schlechterer Qualität, sondern ganz im Gegenteil ein Hinweis auf seriöse Anzucht. Robuste Topfware ist optimal durchwurzelt und wird, sobald man sie gepflanzt hat, loswachsen. Sie ist zudem unter freiem Himmel gehalten, mit der Witterung vertraut und erleidet keinen Schock, wie das bei im Gewächshaus vorgezogenen Pflanzen, die weder Temperaturunterschiede noch Wind gewöhnt sind, häufig der Fall ist.

Wenn Sie Ihr Beet im Frühling bepflanzen, kann es sein, dass Sie Töpfe erhalten, in denen man noch nichts erkennen kann. In diesem Fall will Ihnen die Gärtnerei keine tote Pflanze unterjubeln, sondern Sie haben eine Staude ausgewählt, die erst spät austreibt; manche Pflanzen erscheinen erst im April oder sogar im Mai und sind vorher oberirdisch unsichtbar.

Ein Vorteil beim persönlichen Kauf ist der Kontakt mit Gärtnern. Gerade wenn Sie unsicher sind und Fragen zu den Pflanzen haben, sind Sie mit einem Einkauf in einem spezialisierten Betrieb gut beraten. Hilfreich ist es, eine

LINKS Wer nach besonderen Stauden sucht, sollte nicht nur an Gärtnereien denken, sondern auch an Pflanzenmärkte. Bei den Gartentagen in Freising etwa präsentieren jedes Jahr am zweiten Wochenende im Mai etliche Aussteller ihre schönsten Stauden. Eine riesige Vielfalt an Pflanzen und Gerätschaften rund um Garten und Botanik werden angeboten.

RECHTS Wer im ersten Jahr das Beet noch nicht füllen kann, muss nicht auf nackte Erde starren: Kurzlebige, dafür aber wüchsige Stauden wie Akeleien (*Aquilegia vulgaris*), Brauner Storchschnabel (*Geranium phaeum*) oder Jakobsleiter (*Polemonium caeruleum*) sind leicht zu bekommen und belegen die Plätze, bis man sich für anderes entschieden oder die Lückenfüller liebgewonnen hat.

fertige Pflanzenliste und vielleicht sogar eine Skizze und ein Foto vom zukünftigen Beet in die Gärtnerei mitzunehmen. So werden Sie nicht von der Vielfalt an Stauden abgelenkt und können, abgestimmt auf die zukünftigen Nachbarn der gewünschten Pflanze, leichter eine Ersatzsorte finden, falls die ausgewählte vergriffen sein sollte. Außerdem kann Ihnen das Fachpersonal bei Fragen nach der Menge an Pflanzen besser helfen, wenn Sie die Beetsituation exakt erklären können. Falls es in Ihrer Umgebung keine Staudengärtnerei gibt oder Sie unbedingt eine Pflanze möchten, die eine weite Anfahrt nicht rechtfertigen würde, können Sie sich die Pflanzen auch senden lassen. Es gibt im deutschsprachigen Raum zahlreiche Anbieter mit reich bebilderten Onlineshops.

Eine weitere Möglichkeit zum Kauf spezieller Stauden sind Pflanzenmärkte. Diese finden regelmäßig im ganzen Land verstreut statt und locken nicht nur zahlreiche Gartenfreunde an, sondern auch Aussteller aus ganz Mitteleuropa. Diese oft spezialisierten Gärtnereien bieten damit auf konzentriertem Raum ein beeindruckendes Angebot an Stauden und anderen Pflanzen. Man sollte allerdings einplanen, dass bei solchen Veranstaltungen vorrangig Pflanzen der Saison angeboten werden. Wenn Sie im Frühling auf einem Pflanzenmarkt Sommerstauden suchen, werden Sie daher kein großes Angebot vorfinden, da die meisten Anbieter nur Frühlingsblüher mithaben, die eine schönere Präsentation erlauben als leere Töpfchen.

Pflanzen

Anordnen und Einsetzen

Nun gelangt man zum schönsten Arbeitsschritt: dem Pflanzen. Sie sollten für diese Phase genügend Zeit einplanen, um letzte Änderungen vornehmen zu können. Das kann notwendig sein, wenn Sie nicht alle Pflanzen erhalten haben oder zusätzliche einbauen möchten. Manchmal fallen einem auch während des Anlegens Stauden aus anderen Gartenbereichen ein, die sich im neuen Beet gut machen würden oder schon länger ungünstig stehen. Man sollte solchen Ideen gegenüber stets offen sein, aber sie immer hinterfragen. Entspricht der Standort wirklich den Bedürfnissen dieser Pflanzen? Bei geschenkten Stauden, sehr günstigen Angeboten oder generell wüchsigen Stauden sollte man zurückhaltend sein, um sich keine Wucherer ins Beet zu holen.

Das sieht so leer aus ...

Wozu man sich keinesfalls verleiten lassen sollte, ist das Auffüllen des Beets wegen vermeintlicher Leere. Stauden haben Platzbedürfnisse, die sich nicht aus ihrer Größe ablesen lassen, die sie beim Kauf in einem kleinen Topf haben. Was wie ein verlorenes Stängelchen aussieht, kann innerhalb einer Saison zu einer Pflanze heranwachsen, die mehr als einen Quadratmeter einnimmt. So rasches Wachstum darf natürlich nicht für alle Stauden vorausgesetzt werden: Einige brauchen Jahre, um zu beeindruckender Größe zu gelangen. Gemeinsam ist ihnen aber, dass man ihren Platzbedarf unbedingt respektieren sollte. Gerade im ersten Jahr sind Stauden sehr empfindlich gegenüber Einengung - deshalb sollten Konkurrenzsituationen vermieden werden.

Einpflanzen

Das Pflanzen selbst ist die Belohnung. Zuerst gießt man alle Stauden durchdringend und mehrfach, damit sich ihre Wurzelballen gut mit Wasser vollsaugen können. Dann stellen Sie erst einmal alle Pflanzen an ihre zugewiesenen Plätze und überprüfen, ob Ihre Planung aufgeht. Üblicherweise muss in dieser Phase noch umgruppiert und mitunter vom Plan abgewichen werden, deshalb sollte hier nichts überstürzt werden. Je nach Staudenart ist es empfehlenswert, auch zwischen Exemplaren der gleichen Gattung ausreichend Abstand einzuhalten, damit sich die Pflanzen gut entwickeln können. Wie viel Platz benötigt wird, ist ganz unterschiedlich und von der Wuchsform abhängig. So müssen Bodendecker enger gepflanzt werden, damit sie den Boden auch wirklich rasch schließen, als langsam wachsende Solitärpflanzen oder Gräser, die zwei Jahre Anwachszeit benötigen, ehe sie zu Hochform auflaufen. Wer bereits größere Stauden aus dem eigenen Garten zur Verfügung hat, sollte von jungen Pflanzen aus 9-cm-Töpfen, die erst im Boden einwurzeln müssen und langsam starten werden, genügend Abstand einhalten, damit sie nicht schon in den ersten Wochen von den Nachbarn verschluckt werden.

Sind alle platziert, der Plan noch halbwegs eingehalten und keine Pflanzen irgendwo vergessen, zieht man die Stauden aus den Töpfen. Dann sollten Sie den Wurzelballen etwas auflockern, um die Pflanzen dazu zu ermuntern, im neuen Boden einzuwurzeln. Gut durchwurzelte Ballen sind ein Zeichen von Qualität, manchmal bekommt man aber auch Stauden, die schon mehrere Jahre im Topf verbracht haben. In solchen Fällen sollten Sie am unteren Ende des Wurzelballens ein bis zwei Zentimeter des Filzes abschneiden, damit die Pflanze auch wirklich weiterwächst. Danach wird sie eine Spur tiefer, als sie es vorher im Topf hatte, ins Beet eingesetzt. Anschließend drückt man die Pflanze vorsichtig an - aber nicht zu fest, da man sonst die Erde unnötig verdichten und den Pflanze so das Einwurzeln erschweren würde. Anschließend wird gut gewässert. Was Sie lieber nicht verwenden sollten, sind Pflanzfolien, die angeblich Unkraut

LINKS Vor dem Einpflanzen werden die Stauden, die noch in ihren Töpfen stecken, auf der Fläche angeordnet. Erst dann merkt man, ob der Entwurf vom Papier auch in der Praxis umsetzbar ist. Jetzt sind Änderungen noch leicht möglich.

MITTE Nach zwei Wochen haben sich die Pflanzen an ihren neuen Standort gewöhnt. Die ersten wachsen bereits weiter. Wenn es nun sehr trocken und sonnig ist, sollte gegossen werden; bei Regenwetter ist das nicht notwendig.

UNTEN Nur acht Wochen nach der Pflanzung haben sich viele der Pflanzen schon enorm entwickelt, jeden Tag gibt es nun Neues zu entdecken. Sobald das Beet als fertig betrachtet wird, sollte allerdings gemulcht werden, um das Ansiedeln von unerwünschten Pflanzen zu verhindern.

abhalten. Sie erschweren die spätere Bearbeitung, bringen Plastik in den Boden ein und verhindern die Ausbreitung und Aussaat erwünschter Pflanzen. Mulch ist besser.

Pflege nach dem Pflanzen

Nach dem Anwachsen sind Stauden sehr robust. Es ist nicht notwendig, sie ständig zu gießen, denn so verwöhnen Sie die Pflanzen nur. Wenn direkt nach dem Pflanzen angegossen wird und danach feuchtes Wetter herrscht, ist überhaupt kein weiteres Gießen nötig.

Beim Pflanzen im Frühling dauert es nur wenige Tage oder Wochen, bis Anzeichen von Wuchs sichtbar werden. Stauden gehen mit einer Umsiedlung unterschiedlich um: Einige entwickeln sich, als wäre nichts gewesen, andere lassen sich Wochen Zeit, ehe sie ein neues Blatt entwickeln – sie bilden zuerst Wurzeln, erschließen den Boden für sich und treiben dann durch. Andere brauchen sehr lange, um sich zu etablieren. Meist ist dieses Verhalten von der Pflanzenart abhängig und kann nicht beeinflusst werden. Es ist jedenfalls nicht bedenklich, wenn manche Stauden auch nach Wochen noch unverändert dastehen. Solange sie nicht welk erscheinen oder ihre Blätter gelb werden, ist alles in Ordnung.

Folgt auf die Pflanzung Regen, geht die Entwicklung besonders schnell. Raschwüchsige Arten bilden dann innerhalb kurzer Zeit viel Laub. Wird es anschließend sehr heiß, dann sind die neuen Blätter noch nicht an Sonne und Wärme gewöhnt und die Pflanzen lassen trotz genügend Feuchtigkeit das Laub hängen. Das kann erschreckend aussehen – die Pflanzen gewöhnen sich aber nach ein paar Tagen an die neuen Bedingungen und ertragen danach auch pralle Sonne. Bei großer Hitze im Sommer tendieren manche Stauden dazu, die Sonneneinstrahlung auf ihre Oberfläche zu verringern, indem sie die Blätter steiler stellen oder ihre Blätter hängen lassen. Auch hier müssen Sie nicht erschrecken. Ernsthafter Wassermangel ist bei kurzen warmen Phasen nur selten zu erwarten. Es sei denn, Sie gärtnern auf Sand oder sehr trockenem Boden sowie in Hanglagen: Bei solchen Voraussetzungen sollten Sie Alarmzeichen wie schlappes Laub, das sich auch nach Sonnenuntergang nicht erholt, ernst nehmen und rechtzeitig gießen.

Es wächst ... und dann?

Damit ein Beet auch noch nach Jahren den Wünschen entspricht, sind, je nach Jahreszeit, Eingriffe notwendig, die dafür sorgen, dass sich alle Stauden entwickeln können und Gleichgewicht zwischen ihnen herrscht.

Pflege

Auch wenn es unglaubwürdig erscheint: Eingewachsene Staudenbeete machen - im Vergleich zu Gemüsebeeten oder Rasen - kaum mehr Arbeit. Bei neuen Pflanzungen ist der Abstand zwischen den Stauden noch größer und Gräser und ungewollte Pflanzen können sich ansiedeln. Hat man diese Phase überwunden und die gepflanzten Stauden bedecken nach und nach den Boden, sind auch Unkrautprobleme erledigt. Je nachdem, wie ordentlich Sie Ihre Beete haben wollen, ist nun nur mehr hin und wieder ein Rückschnitt einzelner Pflanzen angebracht.

Schnitt

Wann und wie oft ein Staudenbeet geschnitten werden muss, ist alleine dem persönlichen Geschmack der Gartenbesitzer überlassen. Als sinnvoll haben sich in unserem Garten zwei bis drei Schnittdurchgänge pro Jahr erwiesen.

Ordnungsschnitt

Unter dem Ordnungsschnitt versteht man das Entfernen verblühter oder welker Stauden während der Gartensaison. Meist handelt es sich um Pflanzen, die schon sehr früh im Jahr ihren Auftritt haben und deren Blühhöhepunkt im Frühsommer bereits überschritten ist. Zu ihnen zählen unter anderem Kaukasusvergissmeinnicht (*Brunnera macrophylla*), etliche Storchschnäbel (*Geranium*), Akelei (*Aquilegia*), Glockenblumen (*Campanula*), Ziest (*Stachys macrantha*) und Jakobsleiter (*Polemonium*). Diese Pflanzen kann man auf wenige Handbreit über dem Boden zurückschneiden, sie erholen sich rasch und treiben mit gesundem Laub durch. Die entstandenen Löcher im Beet sind nach ein bis zwei Wochen wieder verschwunden.

Unter die Bezeichnung Ordnungsschnitt fallen aber auch korrigierende Maßnahmen wie das Ausschneiden zu üppiger Staudenhorste. Was am Anfang einer Gartenanlage noch völlig undenkbar erscheint, kann schon im zweiten Jahr nach der Pflanzung zum Problem werden: Manche Stauden wachsen zu weit in andere hinein, ihre Stängel knicken bei Regen oder sie verdecken mit ihrem Laub die Blüten von anderen Pflanzen. Gute Planung vermeidet solche Fehler in der Regel, aber es kann durchaus passieren, dass man etwas zu dicht pflanzt oder der Boden so gut ist, dass manche Stauden viel rascher zulegen als andere. Bis hier ein Gleichgewicht herrscht, sollte eingegriffen werden, damit kleinere Stauden nicht verdeckt oder sogar erstickt werden. Bei einer Pflanze, die andere bereits bedrängt, ist es angebracht, einen Teil zu entfernen, damit die Nachbarpflanzen sich ungestört entwickeln können. Solange es sich, gemessen an der gesamten Pflanze, um Blattmasse in der Größenordnung bis zu einem Drittel handelt, ist der Rückschnitt kein Problem. Man sollte allerdings beachten, der Pflanze optisch nicht zu stark zuzusetzen. Ein Schritt zurück für einen prüfenden Blick während der Rückschnittarbeiten sollte zur Gewohnheit werden, um unschöne Kahlschläge zu verhindern.

Nimmt die Selbstaussaat bestimmter Stauden störende Ausmaße an, muss eingegriffen werden. Das ist besonders dann angebracht, wenn Stauden aus schon älteren, etablierten Beeten neue Anlagen zu erobern trachten, bevor die dortigen Pflanzen richtig eingewachsen sind. In solchen

LINKS Wenn ein Beet mit bestimmten Farben gestaltet ist, wie hier in Weihenstephan, muss mit Sämlingen viel rigoroser umgegangen werden als in »freien« Beeten, wo orangefarbener Mohn durchaus blühen darf, ohne ein Farbkonzept zu stören.

Fällen empfiehlt sich neben rigorosem Jäten aller spontan erscheinender Keimlinge das Auftragen von Mulch (siehe S. 123). Dieser verhindert, dass Samen sofort bis an die Erde gelangen, und unterbindet so die Keimung.

Remontierschnitt

Eine Sonderform des Ordnungsschnitts ist der Remontierschnitt. Der Name kommt von der Bezeichnung »remontieren«, die das erneute Blühen von Stauden nach einem Rückschnitt benennt. Das klappt nicht bei allen Stauden, aber einige blühen so zuverlässig ein zweites Mal, dass sich die Mühe lohnt. Bekannte Vertreter dieser Staudengruppe sind Frauenmantel (*Alchemilla mollis*) und viele Sorten und Arten der Storchschnäbel (*Geranium*). Trotzdem ist Vorsicht geboten: Nicht alle Pflanzen vertragen einen solchen Schnitt; daher sollte gut überlegt und nicht einfach drauflosgeschnitten werden.

Zeitlich ist ein Remontierschnitt meistens im Juni fällig, wenn die erste Blüte vieler Stauden vorbei ist und sie langsam anfangen, unordentlich auszusehen. Zu dieser Jahreszeit ist es lange hell und viele Stauden sind nun in der Lage, innerhalb weniger Tage neu auszutreiben und die entstandenen Lücken zu füllen. Da sie zum Nachwachsen Wasser benötigen, bietet es sich an, auf eine regnerische Wetterperiode zu warten oder direkt nach dem Rückschnitt durchdringend zu wässern.

Rückschnitt – Herbst oder Frühling?

Bei der Frage, ob ein Rückschnitt gleich im Herbst oder doch erst im Frühling vernünftiger ist, scheiden sich nach wie vor die Geister. Der gestalterische Aspekt eines Schnitts im Frühling – die Verlängerung der Gartensaison um den Winteraspekt – ist in Kapitel »Attraktive Beete rund ums Jahr« ausführlich beschrieben. Davon abgesehen ist diese Frage ein weiterer Bereich, bei dem Gartenbesitzer selbst ausprobieren müssen, mit welcher Lösung sie am ehesten zufrieden sind. Wichtig ist auch, diese Frage nicht als absolutes Dogma zu betrachten und sie so zu lösen, wie es in der jeweiligen Saison am einfachsten erscheint. Wenn jemand eine größere Anzahl Blumenzwiebeln pflanzen möchte und das Beet mit meterhohen Staudenresten bedeckt ist, wird ein Rückschnitt die Arbeit um ein Vielfaches erleichtern. Wer im Herbst schon weiß, dass die Zeit im Frühling knapp wird, kann im Herbst bereits einen Teil der Arbeit erledigen

und für den Winteraspekt ausgewählte, besonders schöne Stauden stehen lassen.

Wen der Anblick eventuell geknickter oder umgefallener Stauden den Winter über nicht stört, der muss im Herbst selbstverständlich gar nichts machen. Im Frühling gehen die Schnittarbeiten dann leichter von der Hand, weil die Stängel nicht mehr geschnitten werden müssen, sondern einfach abgebrochen werden können. Zudem entdeckt man während der Arbeiten meistens schon erste Lebenszeichen der Pflanzen, was die Arbeit um einiges kurzweiliger erscheinen lässt als im Herbst.

Ein Nachteil des Frühlingsrückschnitts ist die Gefahr, Frühlingsblüher wie Schneeglöckchen oder Krokus zu zertreten. Wer über ausgedehnte Geophytenflächen verfügt, muss entweder schon früh im Jahr dran sein oder sehr vorsichtig arbeiten. In Gegenden, wo sehr lange Schnee liegt und man nicht sicher sein kann, ob es im Februar und März angenehmes Wetter gibt, das einen Rückschnitt erlaubt, kann der Rückschnitt aus praktischen Gründen in den Herbst vorgezogen werden.

Was den Winter über grundsätzlich immer stehen bleiben sollte, sind Gräser. Ihre eigenen Halme schützen die Basis der Pflanze vor Feuchtigkeit und Frost, deshalb sollte man mit dem Rückschnitt stets bis zum März warten. Die weitläufige Empfehlung, Gräser zu Büscheln zusammenzubinden, kann diesen Effekt noch verstärken, allerdings leidet die Ästhetik eines dekorativ überhängenden Gräserhorsts unter dieser Maßnahme. Der Großteil der winterharten Ziergräser schafft heimische Winter, auch kalte wie in den vergangenen Jahren, ohne Probleme. Nur bei empfindlicheren Arten wie dem Pampasgras (*Cortaderia*) sollte man zur Sicherheit den Schutz mit dem Zusammenbinden des Blattschopfs erhöhen.

LINKS Zumindest im Hochsommer ist ein Schnittdurchgang notwendig, bei dem Reste von Frühsommerblühern wie Storchschnabel entfernt werden, damit die Sommer- und Herbststauden genug Raum haben, um zur Wirkung zu gelangen.

RECHTS Eine Staudenkulisse, die den Winter über stehen bleibt, bietet den Pflanzen Schutz, den Insekten Rückzug und uns einen schönen Anblick, wenn sich im Winter Raureif über die vielen feinen Ästchen und Blütenstände legt.

Mulchen und Düngen

Pflanzen brauchen, um gedeihen zu können, den passenden Standplatz und darüber hinaus ausreichend Licht, Wasser und Nährstoffe. Da Beete in der Regel dicht bepflanzt sind, müssen wir dafür sorgen, dass alle Pflanzen optimal versorgt sind.

Düngen

Zuallererst: Auch wenn uns die Werbung und die Düngemittelabteilung im Gartencenter anderes denken lässt: Der Großteil der Stauden benötigt weder Spezialdünger noch sind Wuchsprobleme automatisch auf Nährstoffmängel zurückzuführen. In den meisten Fällen sind andere (und billiger behebbare) Probleme schuld, wenn etwas nicht gedeiht.

In einem neu angelegten Beet sind in den ersten Jahren ohnehin genug Nährstoffe vorhanden. Wer Kompost eingearbeitet hat, muss für keine weiteren Maßnahmen sorgen. Ausnahmen bilden sandige, durchlässige Böden. Hier kann es rascher zu Mängeln kommen, da die Nährstoffe sich im Boden nur schwer halten können und mit dem Niederschlag in den Untergrund geschwemmt werden. In solchen Fällen können Sie zusätzlich zum reifen Kompost, über den sich Pflanzen immer freuen, Hornspäne oder Hornmehl ausbringen. Die ideale Zeit dafür ist direkt nach der Schneeschmelze, damit die Pflanzen die Nährstoffe gleich beim Austrieb nutzen können.

Dünger, was ist das?

Unter dem Sammelbegriff »Dünger« versteht man Stoffe wie Stickstoff, Kalium, Phosphor und etliche andere, die eine Pflanze benötigt, um zu gedeihen. Im Gartenbau und in der Landwirtschaft wird zwischen organischen und mineralischen Düngern unterschieden. Erstere, »natürliche Dünger«, umfassen neben Ergebnissen von Verrottung (Kompost) und Hinterlassenschaften von Tieren (Jauche, Mist, Guano) auch Horn- und Blutmehl sowie Hornspäne. Mineralische Dünger werden synthetisch hergestellt (»Kunstdünger«). Man weiß bei ihnen genau, wie viel Stickstoff, Kalium, Phosphor und andere Nährstoffe enthalten sind, und kann so gezielt auf Mängel eingehen.

Welche Auswirkungen welche Stoffe auf Pflanzen haben und welche Folgen Mängel haben können, ist ein interessantes und komplexes Thema. Wer blühende Blumenbeete haben möchte, muss sich damit nicht zwingend auseinan-

dersetzen. Es reicht zu verstehen, dass Pflanzen hin und wieder zusätzliche Nährstoffe brauchen, die sie in der Regel mit Kompostgaben hinreichend erhalten.

Ob man zusätzlich zum Kompost auch andere Dünger verwendet, ist für viele Gartenbesitzer eine Glaubensfrage. Aus wissenschaftlicher Sicht ist es für eine Pflanze unerheblich, ob sie die benötigten Nähr- stoffe aus Kompost oder mineralischen Düngern wie Blaukorn bezieht.

Ein deutlicher Vorteil von mineralischen Düngern ist die raschere Verfügbarkeit für Pflanzen. Das mag für Stauden, deren Vegetationsperiode in vielen Fällen vom Frühling bis in den Herbst reicht, unerheblich sein. Wer auf leichten Böden Zwiebelpflanzen wie Narzissen oder Tulpen mit Nährstoffen versorgen möchte, wird auf mineralische Dünger zurückgreifen müssen, um sicherzugehen, dass die Nährstoffe noch vor dem Einziehen der Pflanzen ihr Ziel erreichen.

Mulchen

Eine empfehlenswerte Methode, die Bedingungen für Pflanzen ausgeglichener zur gestalten und den Boden längerfristig zu verbessern, ist das Mulchen. Darunter versteht man das Aufbringen von grobem organischem Material auf

LINKE SEITE Wenn ein Beet sich gut entwickelt, sollte auf zusätzliche Düngergaben verzichtet werden, da die Pflanzen sonst zu hoch wachsen, instabil werden und bei Regen oder Sturm viel leichter umkippen und gestützt werden müssen.

LINKS Kies als Mulchmaterial passt besonders gut zu sonnenhungrigen Stauden wie Schafgarbe.

RECHTS Holzhäcksel sollten immer gemeinsam mit Hornspänen ausgebracht werden, damit kein Nährstoffmangel auftritt.

die Beete, damit der Boden Feuchtigkeit länger hält und humoser wird. Dazu kommt, dass Samen von den Stauden selbst oder von unerwünschten Pflanzen schwerer keimen können, da sie nicht sofort Bodenkontakt haben.

Wer zweifelt, ob Mulch eine Alternative darstellt, kann probeweise eine kleine Fläche locker mit Laub, Rasenschnitt oder Häckselgut bedecken. An warmen Tagen, an denen der Boden an anderen Stellen hart getrocknet oder bröselig wie Sand geworden ist – je nachdem, ob man auf lehmigem oder sandigem Boden gärtnert – besucht man nun die Versuchs-

ecke und vergleicht die Beschaffen- heit des Bodens. Unter Mulch bleibt es länger feucht, deshalb können Würmer und Bodenlebewesen auch in den oberen Bodenschichten aktiv sein und davon profitieren natürlich auch die Pflanzen.

Damit die Pflanzen nicht erstickt werden, sollte die aufgebrachte Mulchschicht nicht mehr als 5 cm betragen. Bei kleinen Stauden sollte man darauf achten, sie nicht völlig zuzudecken. Blumenzwiebeln, auch kleine Frühlingsblüher, schaffen es leicht durch die Schichten, solange sie nicht verkleben. Das ist manchmal bei sehr großen, ledrigen Blättern wie denen der Magnolie der Fall. Hier sollte man die Schicht im Herbst oder im Vorfrühling etwas lockern, damit das Laub nicht zu einer undurchdringlichen Decke wird.

Welche Materialien sind geeignet?

Idealerweise verwendet man das im Frühjahr anfallende Schnittgut des jeweiligen Beetes, da es so nicht entsorgt werden muss und dem natürlichen Kreislauf zugeführt wird. Wer ein neues Beet anlegt, verfügt natürlich noch über keinen Schnittabfall. Als Mulch sind alle lockeren und trockenen Materialien geeignet, die fein genug sind, um den Bewuchs nicht zu stören, und grob genug, um nicht sofort im Boden zu verschwinden. So haben sich in meinem Garten Holzhäcksel vom Heckenschnitt gut bewährt, da sie eine annehmbare Größe haben und leicht zu handhaben sind. Möglich wäre auch, Hackschnitzel dafür zu verwenden, Stroh oder Heu.

Was als Mulch geeignet ist

- zerkleinerter Staudenrückschnitt
- Laub
- Heu, Stroh
- Holzhäcksel, Hackschnitzel
- Rasenschnitt

Eine weitere Möglichkeit, besonders für Schattenbeete, ist Laub. Es ist in vielen Gärten ausreichend vorhanden und leicht auszubringen. Ganz im Gegensatz zum Rasen, bei dem eine Laubschicht im Winter zu Schneeschimmel oder Fäulnis führen kann, profitieren Staudenbeete in mehrfacher Hinsicht vom Mulchen mit Laub. Kleinstlebewesen und Mikroorganismen, die für uns unsichtbar im Boden organisches Material zersetzen, können so auch bei kalter Witterung ihre Arbeit fortsetzen, wodurch der Boden rasch humos wird.

LINKS Leider nur für große Gärten: Wenn viele ähnliche Blütenformen miteinander kombiniert werden, so wie hier in Wisley, müssen die Pflanzen in größeren Gruppen angeordnet werden, um durch ihre Masse selbst für Ruhe zu sorgen.

Eine weitere Möglichkeit ist das Mulchen mit Kies, denn auch dieser verringert die Feuchtigkeitsverdunstung und sorgt für ausgeglichene Bodenverhältnisse. Dazu kommt, dass sich Steine durch die Sonne erwärmen und die Wärme in der Nacht langsam abgeben. Man darf solcherart gemulchte Beete allerdings nicht als Kiesbeete bezeichnen, da ein Kiesbeet nicht alleine durch die Bedeckung mit Steinen definiert wird, sondern sich durch mageren, steinigen Untergrund und eine an solche Standorte angepasste Bepflanzung auszeichnet. Mit Steinen mulchen kann man auch Prachtstaudenbeete. Allerdings wird das Nachdüngen erschwert, da man mit Kompostgaben den Kies verdeckt und die positiven Eigenschaften wie Keimerschwernis für Samen verhindert wird.

Aus diesem Grund ist in Staudenbeeten das Mulchen mit Rückschnitt die einfachste Variante. Egal ob Sie sich für den Schnitt im Herbst oder im Frühling entscheiden: Es spart Zeit, das Schnittgut direkt im Beet zu verkleinern und dort zu verteilen. Bei kleinen Flächen reicht es, die Stängel zu zerbrechen oder mit einer guten Gartenschere zu schneiden. Wer feineren Mulch bevorzugt, kann das Schnittgut sammeln und mit dem Rasenmäher mit aufgesetztem Fangkorb kurz und klein fahren. Danach können Sie den Inhalt des Fangkorbs über das Beet streuen. Manchmal wird empfohlen, mit dem Rasenmäher direkt über die Staudenbeete zu fahren. Das mag praktisch sein, ich hätte jedoch Bedenken, dadurch einige Stauden zu verletzen oder erst dann zu bemerken, dass ich etwas geköpft habe, wenn es zu spät ist.

Am effektivsten ist die Zerkleinerung mit einem Gartenhäcksler. Auf diese Weise erhält man rasch und unkompliziert größere Mengen gleichen Mulchmaterials. Mulch verrottet langsamer, wenn etwas holziger Strauchschnitt untergemischt wird, der langsamer zersetzt wird. Hat man große Staudenbeete, Hecken und Gehölze, zahlt sich die Anschaffung eines Häckslers ohnehin aus. Damit kann man das anfallende Material in praktisches Schreddergut verwandeln, das entweder als Mulch verwendet wird oder das man platzsparend kompostiert und zu Humus werden lässt.

Als Mulch geeignet ist auch Rasenschnitt. Er sollte aber nicht zu dicht aufgetragen werden, da er zu Verklumpung neigt und bei dichter Auflage rasch zu faulen beginnt. Das kann bei warmer Witterung innerhalb eines Tages passieren, deshalb muss Rasenschnitt auch sofort nach dem Mähen auf den Beeten verteilt werden.

Weniger gut geeignet ist Rindenmulch, obwohl der Name eigentlich ganz passend klingt. Rindenmulch besteht aus den Rinden von Nadelbäumen, die neben ätherischen Ölen auch Gerbstoffe enthalten. Diese wirken auf manche Stauden wachstumshemmend, was zur Unterdrückung von Unkraut praktisch sein kann, in unseren Beeten aber zu unerwünschten Nebenwirkungen führt. Dazu kommt, dass Rindenmulch zum Teil mit Fungiziden behandelt wird, damit er in den Säcken nicht zu schimmeln beginnt und einen sehr intensiven Geruch ausströmt. Wer die Wahl hat, sollte eigenem Schnitt- oder Häckselmaterial den Vorzug geben.

Worauf man achten sollte

Je nach Bodenzusammensetzung muss die Mulchschicht während des Jahres erneuert werden, denn sie wird langsam zersetzt und verschwindet; dadurch erhöht sich der Humusanteil des Bodens. Bei sehr aktiven Böden kann ein erneutes Mulchen im Frühsommer notwendig werden, den meisten Böden reicht eine einmalige Mulchgabe im Winterhalbjahr.

Generell gilt: Beim Mulchen bringt man organisches Material und damit Nährstoffe ein, die für Pflanzen zunächst noch nicht verfügbar sind. Bei holzhaltigem Material brauchen die Mikroorganismen des Bodens sogar selbst Stickstoff, um es zu zersetzen. Dieser Stickstoff sollte daher mit geringen Gaben von Hornspänen oder Hornmehl zugeführt werden, damit kein Mangel entsteht. Erst nachdem der Mulch verrottet ist, können seine Bestandteile – auch der Stickstoff – von den Pflanzen aufgenommen werden. Gerade auf mageren Böden düngt man daher vor dem Mulchen. Dazu können Sie Kompost – gerne auch halb verrottet, denn Stängel fallen unterm Mulch nicht auf – oder Hornspäne ausbringen. Besonders auf sandigen, leichten Böden ist diese Vorgehensweise wichtig, um gutes Pflanzenwachstum zu garantieren.

Wenn es besonders sprießt ...

Stauden teilen und verjüngen

Wird ein Beet älter, so kann es notwendig werden, dass Pflanzen geteilt oder verkleinert werden. Zusätzlich können Sämlinge auftauchen, ungewollte Gehölze sich ansiedeln oder einzelne invasive Pflanzen erobern Ihr Beet.

Beete verändern sich mit den Jahren und auch bei sorgfältigster Planung sind nach ein paar Jahren Korrekturen nötig. Dazu kommt, dass sich Pflanzen unterschiedlich rasch entwickeln, was am Standort oder an den Pflanzen selbst liegt. Sobald es zu einem Ungleichgewicht kommt und Stauden sich gegenseitig bedrängen oder einander zu nahe kommen, sollte eingegriffen werden. Sonst verschwinden schwächere Arten, und einige wenige, robuste Pflanzen nehmen überhand. Besonders bei gut durchdachten Beeten ist es schade, wenn Kombinationen durch Überwuchern verloren gehen.

Teilen

Möchte man Pflanzen nicht ganz entfernen, sondern nur verkleinern und Teile von ihnen an anderer Stelle weiterverwenden, bietet sich die Teilung an. Dazu gräbt man eine Pflanze vollständig aus, sticht sie auseinander und setzt einen Teil der Ableger wieder ein. So kann mit den meisten Stauden verfahren werden. Geeignete Zeiten sind Frühling und Herbst. Im Frühjahr teilt man die Stauden am besten, wenn sie gerade erst Blätter bekommen und noch wenig Blattmasse entwickelt haben. Wartet man zu lange, sind die Pflanzen zu weit ausgetrieben und leiden stärker unter der Störung. Da durchs Umpflanzen auch ihre Wurzeln beschädigt und reduziert werden, wird die Wasserversorgungsfähigkeit beeinträchtigt. In solchen Fällen hilft es der Pflanze, wenn Sie einen Teil des Laubs entfernen, da so ihre Oberfläche verringert wird und sie weniger Wasser benötigt. Es lohnt sich außerdem, bei Teilungsarbeiten auf das Wetter zu achten. Sonnige und heiße Phasen gilt es zu vermeiden, da neben der Trockenheit auch Wärme und Sonneneinstrahlung frisch umgepflanzten Stauden stark zusetzen. Ideal sind bedeckte, kühle Tage oder längere Regenperioden, während denen sich Pflanzen rasch wieder erholen. Erwischt man einen guten Zeitpunkt, dann wachsen viele Stauden einfach weiter und blühen auch planmäßig.

Hat man im Frühling keine Zeit, ist ein Umpflanzen auch im Sommer möglich. Allerdings ist ein beherzter Rückschnitt dann Pflicht, selbst wenn er der betroffenen Pflanze die diesjährige Blüte kostet. Denn man darf nie vergessen: Viel wichtiger als die Blüten ist das Wachstum der Wurzeln, denn sie sorgen fürs Überleben der Pflanze. Folgen auf eine Umpflanzaktion sehr warme Tage, muss täglich gegossen werden, bis die Pflanze wieder neues Wachstum zeigt, denn das ist das Zeichen dafür, dass sie ein neues Wurzelsystem aufgebaut hat. Wie schnell es dazu kommt, hängt neben Wetter und der Qualität des Teilstücks vor allem von der Pflanzenart ab: Manche Stauden brauchen nur wenige Tage, andere mehrere Wochen oder sogar Monate, ehe sie wieder angewachsen sind.

Die beste Zeit zum Umpflanzen ist jedoch bei Weitem der Herbst. Denn selbst wenn wir schon lange kalte Finger bekommen, wachsen beim überwiegenden Großteil der Stauden die Wurzeln auch noch weit im einstelligen Plusgradebereich. Sie sind über die kühle, feuchte Witterung im Herbst froh und verkraften Umpflanzaktionen um diese Zeit

LINKS Bei jungen Beeten wie diesem muss überprüft werden, ob kleine Stauden genug Platz haben und nicht von anderen überwachsen werden. So muss das Weidenröschen (*Epilobium angustifolium*) im Hintergrund jährlich verkleinert werden.

OBEN Storchschnäbel (hier *Geranium × oxonianum*) sind besonders leicht zu teilen. Man gräbt sie einfach vollständig aus und schneidet das Laub weitgehend ab.

MITTE Dann wird die Staude mit einem scharfen Spaten geteilt. Jedes Stück mit einem Trieb und Wurzeln wird weiterwachsen, es kann also durchaus in mehrere, auch kleine Stücke geteilt werden, ohne dass Verluste drohen.

UNTEN Danach wird ein schöner Teil der Staude wieder eingepflanzt. Die Erde kann mit Kompost verbessert werden. Zuletzt wird durchdringend angegossen.

des Jahres besonders gut. Im Gegensatz zum Umpflanzen im Frühling, wo man bei sonnigem Wetter regelmäßig gießen muss, ist die Witterung im Herbst günstig: Die Erde trocknet nicht mehr aus und die Tage werden kürzer, außerdem ist die Sonne schwächer. Diese Bedingungen sind ideal für Umgestaltungen oder Neuanlagen. Auch Topfpflanzen oder wurzelnackte Ware sowie Blumenzwiebeln können nun gepflanzt werden. In gewöhnlichen Jahren können die Pflanzen bis Anfang Dezember unterirdisch heimisch werden und Wurzeln ausbilden. Im Frühling haben sie so einen deutlichen Startvorteil und entwickeln sich um ein Vielfaches rascher und üppiger als bei Frühjahrspflanzungen.

Zu den wenigen Ausnahmen, die im Herbst nicht mehr gestört werden möchten, zählen neben etlichen Gräsern auch Herbst-Anemonen. Wer in rauen Gegenden mit langen Wintern wohnt und ganz sichergehen möchte, sollte den Vegetationszyklus der jeweiligen Pflanze betrachten: Treibt sie spät aus und blüht im Herbst, sollte man besser im Frühling umsetzen. Taucht sie früh im Jahr auf oder blüht im Frühling bis einschließlich Sommer, dann steht einer Teilung am Ende der Saison nichts im Wege.

Verjüngen

Stauden wachsen unterschiedlich schnell. Während manche Jahre brauchen, um große Horste zu entwickeln und jahrzehntelang am gleichen Ort gedeihen, gibt es andere, die rascher wachsen. Oft sind sie schon im Pflanzjahr riesig und ziehen Blicke auf sich, daher werden sie auch gerne und häufig in Beeten verwendet. Die Folge von so ungestümem Wachstum ist, dass nach ein paar Jahren – das kann fünf Jahre dauern, manchmal aber auch schon rascher der Fall sein – nur mehr an den Rändern gesunde und kräftige Triebe übrig sind, die auch Blüten bilden. In der Mitte befinden sich entweder gar keine Knospen mehr oder nur mehr schwache Pflanzenteile. Der Eindruck der Pflanze leidet und manchmal befindet sie sich nicht mehr an dem ihr zugedachten Platz, sondern ist ein Stück in eine andere Richtung gewandert. Auch wenn die Pflanze kaum mehr blüht, der Standort aber noch passt, sollte an Verjüngen gedacht werden.

Haben Sie einen solchen Kandidaten im Beet, dann zögern Sie nicht, sondern graben Sie die Pflanze im Frühling oder im Herbst aus. Warten Sie zu lange, dann baut die Pflanze weiter ab und geht eventuell ganz verloren. So hat man aber die Möglichkeit, die vitalen Triebe am Rand – erkennbar an gesundem Laub, Knospen und kräftigen Wurzeln – abzutrennen. Welke oder abgestorbene Reste kommen auf den Kompost. Das Pflanzloch verbessert man nun mit etwas frischer Erde, Kompost und mit Hornspänen. Dann pflanzt man die gesunden Pflanzenteile wieder ein. Achten Sie darauf, nur eine vernünftige Menge wieder ins Beet zu setzen. Wenn die Pflanze sehr viele gesunde Ableger produziert hat, so können Sie diese topfen oder verschenken. Danach geht man mit der Pflanze um wie mit einer Neupflanzung. Meistens treiben die Ableger binnen kurzer Zeit aus und bald wird die Pflanze wieder wie in den Jahren zuvor aussehen.

Wie oft eine Verjüngung notwendig ist, hängt neben den Pflanzen selbst auch von äußeren Bedingungen wie Standort und vor allem von der Bodenqualität ab. Wenn Sie Ihre Beete regelmäßig betrachten, bemerken Sie rasch, wo eingegriffen werden muss.

Stauden, bei denen Verjüngung hin und wieder notwendig ist

Schafgarbe	*Achillea*
Frauenmantel	*Alchemilla mollis*
Aster	*Astern* (diverse)
Prachtspiere	*Astilbe*
Polsternelke	*Dianthus*
Storchschnabel	*Geranium × oxonianum*
Purpurglöckchen	*Heuchera*
Funkien	*Hosta*
Schwertlilie	*Iris*
Indianernessel	*Monarda*
Katzenminze	*Nepeta* (verschiedene)
Lampenputzergras	*Pennisetum alopecuroides*
Lungenkraut	*Pulmonaria*
Primeln	*Primula*
Steppen-Salbei	*Salvia nemorosa*

Sämlinge

Die Selbstaussaat von Stauden ist ein komplexes Thema, da der Grat zwischen erwünschter Verbreitung und exzessivem Wucherverhalten sehr schmal ist. Eine Menge Stauden, besonders zweijährige oder kurzlebige, genießen Beliebtheit, weil sie locker durch die Beete vagabundieren und so den Beeten Leichtigkeit und Charme verleihen – man denke an die schwebenden Blüten von Akeleien im Halbschatten oder eine Gruppe von Spornblumen, die eine Steinmauer erobern. Werden der Sämlinge zu viele, kann man sie leicht jäten oder in andere Gartenteile umsiedeln.

Zweijährige und kurzlebige Stauden, die sich im Garten durch Selbstaussaat erhalten

Engelwurz	*Angelica gigas*
Akelei	*Aquilegia vulgaris*
Lerchensporn	*Corydalis lutea, C. ochroleuca*
Spornblume	*Centranthus ruber*
Elfenbeindistel	*Eryngium giganteum*
Fingerhut	*Digitalis purpurea*
Jakobsleiter	*Polemonium caerulea*
Klatschmohn	*Papaver rhoeas*
Ausdauernder Lein	*Linum perenne*
Silberblatt	*Lunaria annua*
Vexiernelke	*Lychnis coronaria*
Kambrischer Scheinmohn	*Meconopsis cambrica*
Mutterkraut	*Tanacetum vulgare*
Veilchen	*Viola cornuta* u.a.
Königskerze	*Verbascum,* diverse Arten

Abgesehen von diesen Stauden gibt es zahlreiche weitere, von denen in manchen Gärten mehr, in anderen Gärten weniger Sämlinge auftauchen. Sehr leicht keimen Pflanzen auf gestörten, häufig geharkten Böden und an den Beeträndern. Besonders viele Sämlinge gedeihen auf nährstoffreichen, leicht lehmigen Böden, die nie ganz austrocknen, wohingegen sandige Böden für die Entwicklung vom Samenkorn zur Pflanze schwierigere Bedingungen bieten. So kann ein und dieselbe Pflanze in manchen Gärten ein schwachwüchsiger Kandidat sein, während sie anderswo zur Plage wird.

SORTENECHTHEIT

Sämlinge von Sorten verlieren oft die Eigenschaften, die ihre Eltern auszeichnen. Sie sollten daher nicht unter dem Sortennamen der Elternpflanzen weitergegeben werden, da sie oft kleinere Blüten entwickeln, höher wachsen oder weniger winterhart sind. Gegen das Aufheben hübscher Sämlinge, etwa bei Christrosen, spricht aber nichts. Es kann viel Freude bereiten, auf die erste Blüte zu warten. Wenn Sämlinge zum Problem werden, empfiehlt sich der Rückschnitt der Samenstände noch vor ihrer Reife. Denn das, was sich im Herbst im Wind wiegt, bei Frost von Eiskristallen besetzt und von uns bestaunt wird, sind Samenstände, die ihre Absicht – die Verbreitung der Samen – auch in unseren Gärten erfüllen möchten. Um den Winteraspekt nicht ganz zu zerstören, sollte man aber nur die größten »Samenschleudern« abschneiden. Angst vor Sämlingen ist nicht angebracht: Nur die wenigsten Samen kommen zur Keimung und bei dichter Pflanzung finden sie kaum geeignete Bedingungen, da es in den Beeten zu dunkel ist. Wer mulcht, ist zusätzlich im Vorteil: Ein Belag aus Holzhäcksel oder auch Kies hält nicht nur Pflanzen von außerhalb des Gartens ab, sondern verringert auch die Versamung der eigenen Stauden.

Stützen und Stäben

Bekommen Stauden im Garten einen passenden Platz, der sie optimal mit Licht, Feuchtigkeit und Nährstoffen versorgt, wachsen sie nur bis zu einer bestimmten Höhe. Sie verzweigen sich rechtzeitig, ihre Blüten stehen in gutem Verhältnis zum Laub und die Stängel sind in der Lage, die gebildete Anzahl an Blüten zu tragen. Das ist der Idealfall.

In der Realität gibt es jedoch immer wieder Stauden, die instabil werden und kippen. Die häufigste Ursache dafür ist mangelndes Licht. Steht eine Pflanze zu schattig, wächst sie in die Länge, da sie zum Licht strebt. Die Abstände zwischen den Blattknoten (Nodien) werden größer und ab einer gewissen Höhe wird der Stängel zu schwach: Die Pflanze beginnt zu hängen und verdeckt Nachbarpflanzen, die ihrerseits zu wenig Licht erhalten. Das Gleiche kann passieren, wenn Stauden zu eng gepflanzt werden und sich gegenseitig bedrängen. Schwächer wachsende Pflanzen geraten dann unter andere Arten und versuchen, mit den liegenden Trieben zumindest etwas Licht zu erhaschen.

Ein weiterer Grund für das Umkippen können zu viele Nährstoffe im Boden bzw. Überdüngung sein. Durch sie wachsen Pflanzen rascher und höher, werden dadurch instabil und fallen leichter um. Aus diesem Grund sollte man bei der Düngung in einem neuen Garten zurückhaltend sein. Manchmal ist auch das Wetter schuld. Warme, feuchte Witterung im Mai oder Juni verleitet viele Stauden zu starkem Wachstum. Gibt es dann Gewitter mit Starkregen und Sturm, leidet die Standfestigkeit und wir stehen statt vor geordneten Beeten vor einem wuseligen Durcheinander.

Was kann man dagegen tun?

Wer auf standortgerechte Pflanzung achtet, wird einen Teil dieser Probleme von vornherein vermeiden können. Werden manche Stauden trotzdem instabil, sollten Sie den Standort noch einmal hinterfragen. Auch zu viel Feuchtigkeit kann zu starkem Wachstum führen. Bei chronisch instabilen Pflanzen eignet sich die Vergesellschaftung mit besonders stabilen Stauden, die auch ihren Nachbarn zu Standfestigkeit verhelfen. Diesen Trick kann man sich besonders dann zunutze machen, wenn man umfallgefährdete Stauden trotzdem verwenden möchte.

Ist Umpflanzen oder eine Kombination mit kräftigen Partnern keine Option, sollte man über ein geeignetes Stützsystem nachdenken. Ob man stäbt, stützt, aufbindet oder der Natur ihren Lauf lässt, wird von Gartenbegeisterten oft als Entweder-oder-Frage verstanden. Das liegt daran, dass Aufbinden eine Arbeit ist, die sorgsam geplant und weit im Voraus erledigt werden muss, damit überzeugende Ergebnisse erzielt werden. Konkret bedeutet das, man sollte die »Kippkandidaten« notieren und im darauffolgenden Jahr

OBEN Gesteckte Äste, mit Draht fixiert, sind preiswert und je nach Bedarf rasch zu erstellen. Hier bieten sie einer Dreiblattspiere (*Gillenia trifoliata*) Halt.

MITTE Selbst gebaute Zäune oder Stützelemente wirken in Beeten besonders natürlich, da sich die Stauden locker anlehnen können, wie hier Goldbaldrian (*Patrinia scabiosifolia*) und im Hintergrund der Präriesonnenhut (*Ratibida pinnata*).

UNTEN Ringe aus verschweißtem Baustahl fügen sich farblich gut in Beete ein und können für Pfingstrosen oder Gräser in verschiedenen Größen gefertigt werden

bereits im Mai Vorrichtungen anbringen, mit denen die Stabilität einer Pflanze erhöht wird. So kann sich die Pflanze mit ihrer Stütze verwachsen und verdeckt diese im Idealfall auch.

Stützt man erst, wenn das erste Junigewitter Schaden angerichtet hat, artet das Stäben von Pflanzen zu unbefriedigender Schwerarbeit aus: Störrische Stauden werden dann an eilig in die Erde geschlagene Pflöcke gebunden und wirken nicht spielerisch unterstützt, sondern gewaltsam zusammengebunden. Solche Notlösungen sind manchmal trotzdem notwendig, aber sie sollten möglichst vermieden werden, da der natürliche Eindruck eines Beets unter solchen Maßnahmen massiv leidet.

Dazu kommt der unbändige Überlebenswille der Pflanzen: Ihnen ist meistens ganz egal, ob sie wie geplant aufrecht wachsen oder am Boden kriechen, Hauptsache, sie können blühen. Daher passen sie sich nach dem Umfallen innerhalb weniger Tage (oft sogar nur Stunden) an ihre neue Position an und recken die Blüten nach oben. Wartet man also mit dem Aufbinden ein paar Tage, etwa bis wieder trockenes Wetter herrscht, so hat man völlig verdrehte Stängel vor sich, die nicht mehr in die ursprüngliche Position passen und nur mehr mit vielen Schnüren in die gewünschte Form gebunden werden können.

Der Handel hat auf das Problem reagiert und bietet Unmengen an Stützsystemen, die meistens ihrerseits an mangelnder Stabilität kranken. Wer vor der Wahl steht, sollte sich für möglichst robuste, kräftige Varianten entscheiden. Ob Ringe, halbrunde Krägen oder Stützgitter verwendet werden, hängt auch von der Größe der Beete ab und vom tatsächlich benötigten Umfang. Für ganz normale Staudenbeete, in denen hin und wieder etwas kippt, reicht ein stets verfügbares mehrteiliges Set aus stabilen Pflöcken, die man bei größeren Umfallern im Dreieck oder sonst als punktuelle Stücke ins Beet schlagen kann. Für einzelne Blütenstände reichen Bambusstäbe. Wer schon weiß, welche Stauden gerne kippen, kann im Frühling verzweigte Äste, wie etwa von Hasel, direkt in die Horste stecken, sodass die Pflanzen schon im Austrieb durch diese Äste hindurchwachsen und so von der Basis her gestützt werden. Man sollte bei

OBEN Wie lange Tulpen im eigenen Garten wiederkommen, muss ausprobiert werden. Gute Erfahrungen habe ich mit Sorten aus der Springgreen-Serie gemacht.

MITTE Brandkraut (*Phlomis russeliana*), Türkischer Mohn (*Papaver orientale*) und Leinkraut (*Linaria purpurea*) sind alle drei robuste, wüchsige Stauden für sonnige, trockene Plätze. Dazu passen Katzenminze (*Nepeta*), Schwertlilien (*Iris*) und Gräser.

UNTEN An feuchten Stellen, wie hier in der Gärtnerei Gaißmayer, eignen sich Greiskraut (*Ligularia*) und Trichterfarn (*Matteuccia struthiopteris*) für dichten Bewuchs.

dieser Methode jedoch besser schon ältere Zweige verwenden, da frische Schnitte manchmal wurzeln und später nur mehr schwer zu entfernen sind.

Besonders gefährdeten Stauden kann man einen Ring verpassen, in den sie hineinwachsen können. Diese Vorgehensweise hat sich bei großblütigen Stauden, die durch den Regen schwer werden, bewährt. Bei einigen Stauden wie etwa Fetthenne (*Sedum*), die wegen zu vielen Niederschlags oder zu guten Bodens umfallen, kann es auch helfen, ihren Wurzelraum zu verringern. Dazu sticht man im April mit dem Spaten einmal um die Pflanzen herum, als wollte man sie ausgraben, lässt sie aber einfach an ihrem Platz. Sie können nun weniger Nährstoffe aufnehmen und bleiben gedrungener und damit stabiler.

Je nach Bodenart, Niederschlagshäufigkeit und Windneigung kann die Liste der umfallgefährdeten Stauden bei Gartenbesitzern völlig unterschiedlich aussehen. Gärtnereien achten bei der Zusammensetzung ihres Sortiments neben Blüten, Wuchsform, Winterhärte und anderen Eigenschaften auch auf die Standfestigkeit. Wer weiß, dass Umkippen im eigenen Garten ein Problem ist, sollte also schon bei der Pflanzenwahl auf eine standfeste Auswahl achten und sich auch dahingehend beraten lassen. Oft ist es sinnvoll, niedrigere Sorten zu wählen, als Stunden in nass geregneten Beeten aufbinden zu müssen.

Haltbarkeit von Beeten

Selbst bei optimaler Pflanzenauswahl und guter Pflege können Beete nicht ewig bestehen. Wie lange eine Pflanzung ihre Proportionen behält und alle für die Gestaltung tragenden Pflanzen vorhanden bleiben, ist je nach Standort unterschiedlich. Mit Veränderung muss man aber auf jeden Fall rechnen.

Dazu kommt die unterschiedliche Entwicklungszeit von Pflanzen: Manche legen bereits im ersten Jahr los, andere schicken zu Beginn erst ihre Wurzeln in den Boden und entfalten ihre Wirkung nach zwei oder drei Jahren. Einige sehr langlebige Stauden wie Pfingstrosen (*Paeonien*), Türkischer Mohn (*Papaver orientale*) und Christrosen (*Helleborus*) brauchen vier oder fünf Jahre, manchmal sogar noch länger, ehe sie in einer Pflanzung auffallen. Ihnen gegenüber stehen Stauden, deren Lebenserwartung nur wenige Jahre beträgt. Sie entwickeln sich rascher, zieren schon im ersten Jahr und vergehen mit der Zeit. Wer sich diesen unterschiedlichen Entwicklungsformen bewusst ist und sie bei der Planung mit einbezieht, wird Freude an der Dynamik und den völlig unterschiedlichen Wirkung seiner Beete - je nach Jahr - haben.

Wer Wert auf ein durchdachtes Farb- und Formkonzept und eine über Jahre hinweg ähnliche Erscheinung seines Beets legt, muss entweder kurzlebige Stauden regelmäßig ergänzen oder vermehrt Pflanzen wählen, auf die man sich zumindest für ein Jahrzehnt verlassen kann. Ganz sicher sollte man allerdings nie sein: So kann die langlebigste Staude in kalten Winternächten den Wühlmäusen zum Opfer fallen und eine in der Literatur als kurzlebig bezeichnete Akelei ohne Weiteres zehn Jahre alt werden. Es spart aber Nerven und beugt Enttäuschungen vor, wenn man sich mit dem Gedanken auseinandersetzt, dass Beete sich ständig wandeln. Da sich auch die Vorlieben von Gärtnerinnen ändern und immer wieder neue Pflanzen in den Fokus rücken, muss diese Sukzession nicht negativ verstanden werden; denn wo etwas ausfällt, ist Platz für Neues.

Wann muss eingegriffen werden?

Renoviert muss ein Beet dann werden, wenn unerwünschte Pflanzen die Pflanzung bedrängen. Das müssen keine Unkräuter sein - oft nimmt eine sorglos verwendete Art überhand und verdrängt die anderen Stauden. Manchmal schleppt man aber auch Wurzelunkräuter ein und nach einigen Jahren sind sie so zahlreich geworden, dass die Stauden zu kümmern beginnen. Aus diesem Grund sollte man Pflanzenteile aus dem eigenen Garten sehr sorgfältig untersuchen, ehe man sie pflanzt. Nur ein kleines Würzelchen Giersch reicht, um den Grundstock für ein dichtes Vorkommen zu legen, das man erst bemerkt, wenn Jäten nicht mehr möglich ist.

Wenn das Beet renoviert werden muss ...

Wer ein verwuchertes Beet vor sich hat und es neu anlegen möchte, sollte zuerst feststellen, ob es rettungswürdige Stauden gibt. Diese werden vorsichtig ausgegraben und mithilfe von Wasser vom Erdreich befreit, damit alle versteckten Unkrautwurzeln entfernt werden können. Wenn man schon dabei ist, sortiert man alte Pflanzenteile aus und verwendet nur Teile mit kräftigen Trieben und jungen Wurzeln weiter. Danach muss das Beet sorgfältig gejätet werden, denn punktuelles Zupfen richtet zu wenig aus. Pflanzt man neue Stauden, ehe alle Wurzelunkräuter entfernt sind, werden diese im Nu überwuchert und verschwinden!

Stauden, die (zu) schnell wachsen

Bei der Anlage eines Gartens kann es meistens nicht schnell genug gehen. Viele der gepflanzten Stauden erscheinen am Beginn enttäuschend klein und an den ihnen zugedachten Plätzen völlig verloren. Pflanzenangebote befreundeter Gärtner, die uns wüchsige Gewächse antragen, klingen in dieser Situation verlockend. Leider sind viele dieser Stauden nicht bloß wüchsig, sondern regelrecht invasiv und besiedeln besonders neue Beete ohne Konkurrenz so rasch, dass ihre Entfernung viel Ärger mit sich bringt.

Das trifft natürlich nicht auf alle Pflanzen zu, die Sie angeboten bekommen werden, aber doch auf einige, was ja auch nachvollziehbar ist: Wüchsiges produziert eher Ableger als Langsames. Trotzdem sollten Sie nicht alle Angebote ängstlich ausschlagen, es ist lediglich Vorsicht geboten. Manche Pflanzen, die sich reichlich aussäen, wie Akelei, Fingerhut und Spornblume, sind leicht im Zaum zu halten und eine Zierde für jeden Garten. Sie tauchen an verschiedenen Stellen auf und können auch leicht wieder entfernt werden. Andere sind wertvolle Bodendecker und sollten

auch als solche verwendet werden. So kann Immergrün (*Vinca*) in Staudenbeeten lästig werden, aber unter Hecken verhindert es Unkrautbewuchs.

Manche Stauden sollten deshalb nur mit Vorsicht gepflanzt werden. In erster Linie sind dies Pflanzen, die sich durch äußerst raschwüchsige Ausläufer vermehren, die sich zwischen andere Stauden schlängeln, diese bedrängen und dann nur mehr schwer entfernt werden können. Wichtig ist, auch hier den Standort mit einzubeziehen: Trockener, magerer Boden verlangsamt Wachstum, feuchter und nährstoffreicher beschleunigt es. Davon abgesehen lassen sich Pflanzen mit Ausläufern aus sandigen Böden um ein Vielfaches leichter entfernen als aus Lehmböden und werden in leichten Böden daher weniger als Wucherer empfunden als in schweren Böden, wo man sie kaum jemals mehr loswird.
Zu diesen Kandidaten können - müssen aber nicht! - folgende zählen:

Stauden, die sich mit unterirdischen oder oberirdischen Ausläufern verbreiten

Herbst-Anemone	*Anemone tomentosa* 'Robustissima'
Herbst-Astern	*Aster* (einige, nicht alle)
Glockenblumen	*Campanula* (manche)
Maiglöckchen	*Convallaria majalis*
Weidenröschen	*Epilobium angustifolium*
Zypressen-Wolfsmilch	*Euphorbia cyparissias*
Erdbeere	*Fragaria viscaria*
Chamäleonpflanze	*Houttuynia cordata*
Gold-Taubnessel	*Lamium galeobdolon*
Gilbweiderich	*Lysimachia ciliata, L. officinalis*
Federmohn	*Macleaya cordata*
Trichterfarn	*Matteucia struthiopteris*
Minze	*Mentha* (verschiedene)
Seifenkraut	*Saponaria officinalis*
Beinwell	*Symphytum* (verschiedene)

LINKS Die Purpur-Kratzdistel (*Cirsium rivulare* 'Atropurpureum') ist eine auffällige Staude für nicht zu trockene Böden. Gemeinsam mit Steppensalbei (*Salvia nemorosa*) wird sie hier in den Schaubeeten der Gärtnerei Sarastro verwendet.

RECHTS Der Pracht-Storchschnabel (*Geranium × magnificum*) blüht leider auch mit Rückschnitt nur einmal, dafür aber sehr üppig. Als Partner bieten sich Sterndolden (*Astrantia major* 'Roma') und Frauenmantel (*Alchemilla mollis*) an.

Wüchsige Stauden können für manche Anlagen ein Zuviel an Arbeit bedeuten, da sie in regelmäßigen Abständen auf den ihnen zugedachten Platz reduziert werden müssen. An einigen Stellen des Gartens ist jedoch genau dieses rasche Wachstum von Nutzen: An halbschattigen, wenig zugänglichen Stellen unter Hecken, vor Zäunen oder im Hintergrund von Beeten sind Stauden gefragt, die sich rasch und unkompliziert ausbreiten, den Boden möglichst dicht bedecken und damit die Ansiedlung anderer Pflanzen verhindern.

Trotzdem kann bei Ihnen im Garten alles ganz anders ein: Nicht selten muss eine Staude auf Sand gehätschelt werden, die auf feuchten Böden für den Rest der Pflanzung ein Risiko darstellt. Dazu kommt, dass auf sandigen Böden das Jäten um einiges leichter fällt als in klebrigem Lehm. So ist das Schmalblättrige Weidenröschen (*Epilobium angustifolium*) auf meinem leichten Boden mit wenig Aufwand im Zaum zu halten. Ich ziehe einfach im Frühling, sobald die Triebe erscheinen, alle überzähligen aus der Erde und lasse nur die stehen, die ich auch wirklich möchte. In lehmigen Böden, wo Stauden mühsam mitsamt einem Lehmblock ausgestochen werden müssen, geht das nicht. Für solche Böden ist das Weidenröschen ungeeignet, außer Sie möchten große Flächen damit überziehen.

Adressen, die Ihnen weiterhelfen

Viele Gärtnereien versenden auf Anforderung Kataloge, hilfreicher sind jedoch in vielen Fällen die Online-Kataloge, die neben Bildern über eine Vielzahl an Informationen verfügen und nicht nur für die Bestellung, sondern auch zu Recherchezwecken genutzt werden können.

Wer Stauden beziehen möchte, findet unter den folgenden Adressen ein großes Angebot. Etliche der Gärtnereien bieten sich zudem als Ausflugsziel an, da neben den Pflanzenquartieren liebevoll angelegte Schaubeete Stauden in ausgewachsenem Zustand präsentieren.

Wer sich intensiver mit dem Thema Stauden beschäftigen will oder Kontakte zu anderen Liebhabern sucht, kann sich an folgende Adressen wenden:

Bund deutscher Staudengärtner (BdS) im Zentralverband Gartenbau e.V.
Servatiusstraße 53
53175 Bonn
www.stauden.de

Gesellschaft der Staudenfreunde e.V.
GdS-Geschäftsstelle
Am Scheibenberg 6 A
79336 Herbolzheim
www.gds-staudenfreunde.de

Die folgende Liste verschiedener Staudengärtnereien erhebt keinen Anspruch auf Vollständigkeit. Ein Großteil der Anbieter versendet Stauden und verfügt über informative und sehenswerte Internetauftritte.

Stauden

Klingel & Luckhardt
Staudenkulturen
Inh. Uta Klingel und Andreas Luckhardt
Fliederweg 10
21789 Wingst
Tel.: 04778/325
www.stauden-klingel-luckhardt.de

Staudengärtnerei
Allerlei Seltenes
Inh. Susanne Peters
Auf dem Flidd 20
25436 Uetersen
Tel.: 04122/3312
www.alpine-peters.de

Stauden Früchtenicht
Inh. Lutz Früchtenicht
Lauenbrücker Weg 11
27356 Rotenburg/Wümme
Tel.: 04261/62013
www.fruechtenicht.de

Pöppel-Stauden
Inh. Eckehard Pöppel
Hauptstraße 95
28816 Stuhr-Seckenhausen
Tel.: 0421/804879
www.poeppel-stauden.de

Duft- und Wandelgärtnerei Schoebel
Inh. Gerhild Schoebel
Hindenburgplatz 3
29468 Bergen-Dumme
Tel.: 05845/237
www.gaertnerei-schoebel.de

Jelitto Staudensamen GmbH
Am Toggraben 3
29690 Schwarmstedt
Tel.: 05071/98290
www.jelitto.com

Staudengärtnerei Annemarie Eskuche
Am Söhnholz
29664 Ostenholz
Tel.: 05167/287
www.stauden-eskuche.de

Hagemann Staudenkulturen
Christine Adelbeck
Walsroder Straße 324
30855 Langenhagen
Tel.: 0511/737644
www.hagemann-staudenkulturen.npage.de

Stauden Junge
Inh. Matthias Großmann
Seeangerweg 1
31787 Hameln-Wehrbergen
Tel.: 05151/3470
www.bluetenblatt.de

Blattgrün
Inh. Stefan Ziemer
Am Bülten 7 und 11
38176 Wendeburg
OT Wende-zelle
Tel.: 05303/930709
www.blattgruen.com

Staudenkulturen Stade
Inh. Helmut Stade
Beckeenstrang 24
46325 Borken-Marbeck
Tel.: 02861/2604
www.stauden-stade.de

Staudengärtnerei
Gerhild Diamant
Mühlenweg 39
47239 Duisburg,
OT Rumeln-Kaldenhausen
Tel.: 02151/419676
www.stauden-diamant.de

Staudengärtnerei Kirschenlohr
Im Lammsbauch 29
(Büro, Postadresse)
In der Haingereut 3
(Gärtnerei)
67346 Speyer
Tel.: 06232/77433
www.stauden-kirschenlohr.de

Gärtnerei am Nassachtal
Heerstraße 150
73066 Uhingen
Tel.: 07161/37725
www.nassachtal-gaertnerei.de

Gärtnerei Ewald Hügin
Zähringer Straße 281
79108 Freiburg
Tel.: 0761/55 37 25
www.ewaldhuegin.com

Gräfin von Zeppelin
Inh. Aglaja und Karine von Rumohr
Weinstraße 2
79295 Sulzburg-Laufen/Baden
Tel.: 07634/69716
www.staudengaertnerei.com

Staudengärtnerei Frank
Oberbiberger Straße 5
82064 Straßlach-Dingharting
(Holzhausen)
Tel.: 08170/997606
www.stauden-frank.de

Auinger Schmuckstauden
Inh. Bernhard Korilla
Meilingerstraße
82237 Auing/Wörthsee
Tel.: 0172/8568797
www.schmuckstau.de

planwerk
Staudengärtnerei am Chiemsee
Esbaum 2
83358 Seebruck am Chiemsee
Tel.: 08667/876388
www.hostaversand.eu

Staudengärtnerei
Extragrün
Am Anger 6,
85356 Freising-Attaching
Tel.: 08161/81795
www.extragruen-freising.de

Staudengärtnerei
Dieter Gaißmayer
Jungviehweide 3
89257 Illertissen
Tel.: 07303/7258
www.gaissmayer.de

Staudengärtnerei Augustin
Neunkirchner Straße 15
91090 Effeltrich
Tel.: 09133/77660
www.stauden-augustin.de

die Staudengärtnere
Till Hofmann & Fine Molz GbR
Alte Iphöfer Straße 27
97348 Rödelsee
Tel.: 09323/8752230
www.die-staudengaernterei.de

Sortiments- und
Versuchsgärtnerei Simon
Inh. Werner Simon
Staudenweg 2
97828 Markheidenfeld
Tel.: 09391/3516
www.gaertnerei-simon.de

Staudengärtnerei
Siegmar Poltermann
Weimarische Straße 27f
99099 Erfurt
Tel.: 0361/421491 8
www.stauden-poltermann.de

Österreich

Pfingstrosengarten Miely
Uttenthal 4
A-4611 Buchkirchen
Tel.: 0043 (0)7242/28415
www.paeoniamiely.com

Stauden Sarastro
Inh. Christian Kreß
A-4974 Ort im Innkreis
Tel.: (mobil): 0043
(0)664/2610362
www.sarastro-stauden.com

Niederlande

Gärtnerei Marnis
Op de Bies 70a
NL-6333 BZ Schimmert
Tel.: 0031 (0)45/4041872
www.marnis.nl

Staudengärtnerei Hessenhof
Miranda und Hans Kramer
Hessenweg 41
NL-6718 TC Ede
Tel.: 0031 (0)318/617334
www.hessenhof.nl

Staudengärtnerei Coen Jansen
Ankummer Es 13a
NL-7722 RD Dalfsen
Tel.: 0031 (0)529/434086
www.coenjansenvasteplanten.nl

Staudengärtnerei De Kleine
Plantage
Handerweg 1
NL-9967 TC Eenrum
Tel.: 0031 (0)595/491604
www.dekleineplantage.nl

Blumenzwiebeln

Küpper Blumenzwiebeln und
Saaten GmbH
Hessenring 22
37269 Eschwege
Tel.: 05651/80050
www.kuepper-bulbs.de

Blumenzwiebelversand
Bernd Schober
Stätzlinger Straße 94a
86165 Augsburg
Tel.: 0821/72989500
www.der-blumenzwiebelversand.de

Pflanzenmärkte

Pflanzenmärkte sind eine gute Möglichkeit, auf kleinem Raum eine Vielzahl an Stauden betrachten und erwerben zu können. Die meisten Märkte finden an Wochenenden statt, zur Sicherheit sollten Sie jedoch die genauen Daten mit Hilfe der Internetseiten überprüfen.

Neben den genannten Veranstaltungen gibt es viele weitere Aktivitäten zum Thema Garten, darunter zahlreiche Tage der offenen Gartenpforte oder regionale Gartenmessen.

Deutschland

Berliner Staudenmarkt
(Frühlingstermin: Ende März/
Anfang April, Herbsttermin:
1. Wochenende im September)
www.berliner-staudenmarkt.de

Pflanzenmarkt am Kiekeberg
(Mitte April und Mitte August)
www.kiekeberg-museum.de

Freisinger Gartentage
(2. Wochenende im Mai)
www.freisingergartentage.de

Österreich

Raritätenbörse im Botanischen
Garten Wien (April)
www.botanik.univie.ac.at/hbv

Gartentage im Stift
Seiten- stetten (Mitte Juni)
www.stift-seitenstetten.at/
events

Niederlande

Pflanzentage in Bingerden (Juni)
www.bingerden.com

Stichwortverzeichnis

Seitenzahlen mit * verweisen auf Abbildungen, mit ^{T} auf Tabellen

Über die Autorin

Katrin Lugerbauer studierte in Graz Germanistik und Geografie und unterrichtet seit mehreren Jahren an verschiedenen Schulen in Oberösterreich. Das Interesse an den Wildpflanzen ihrer Heimatregion zwischen Alpenvorland und Kalkalpen wurde bereits in der Kindheit geweckt, später kam zur Leidenschaft für die Natur die Begeisterung an Gartengestaltung und Fotografie hinzu.
Durch Praxis in der Staudengärtnerei Sarastro, Gestaltung und Pflege eigener Gärten, durch Gartenreisen, Selbststudium und Austausch mit Gartenfreunden erlangte sie bereits in jungen Jahren ein umfangreiches Staudenwissen, das sie auf ihrem Blog zusammen mit nicht weniger professionellen Fotos veröffentlicht. Die Autorin lebt zurzeit im oberösterreichischen Salzkammergut und ist an mehreren Orten gärtnerisch tätig.
Informationen und Fotos zu ihren Gärten finden Sie unter www.geranium.at und auf ihrer Instagram-Seite unter @katrinlugerbauer

Dank

Da das Schreiben von Büchern, genauso wie das Gärtnern, eine zeitintensive und phasenweise sehr kompromisslos vorrangige Beschäftigung ist, möchte ich mich bei meiner Familie, besonders bei meinem Partner, bedanken: Einerseits für die Geduld mit mir und andererseits für die vertrauensvolle Unterstützung, die mir bei meinen Gartenprojekten immer entgegengebracht wird. Darüber hinaus geht mein Dank an alle Gärtnerinnen und Gärtner, die mich bisher an ihrem Wissen teilhaben ließen und nicht zuletzt an meine Lektorin, die meinen Ideen stets offen und wohlwollend gegenübergestanden ist.

GARTENLUST PUR.

ISBN 978-3-8338-9048-2

ISBN 978-3-8338-8963-9

ISBN 978-3-8338-2108-0

ISBN 978-3-8338-8793-2

ISBN 978-3-8338-5580-1

ISBN 978-3-8338-8057-5

Auch als eBook erhältlich.

Mehr von GU auf **gu.de** | **gu.verlag** | **gu.verlag**

LIEBE LESERINNEN UND LESER,
wir wollen Ihnen mit diesem Buch Informationen und Anregungen geben, um Ihnen das Leben zu erleichtern oder Sie zu inspirieren, Neues auszuprobieren. Wir achten bei der Erstellung unserer Bücher auf Aktualität und stellen höchste Ansprüche an Inhalt und Gestaltung. Alle Anleitungen und Rezepte werden von unseren Autoren, jeweils Experten auf ihren Gebieten, gewissenhaft erstellt und von unseren Redakteur*innen mit größter Sorgfalt ausgewählt und geprüft.

Haben wir Ihre Erwartungen erfüllt? Sind Sie mit diesem Buch und seinen Inhalten zufrieden? Wir freuen uns auf Ihre Rückmeldung. Und wir freuen uns, wenn Sie diesen Titel weiterempfehlen, in Ihrem Freundeskreis oder bei Ihrem Online-Kauf.

Sollten wir Ihre Erwartungen so gar nicht erfüllt haben, tauschen wir Ihnen Ihr Buch jederzeit gegen ein gleichwertiges zum gleichen oder ähnlichen Thema um.

KONTAKT ZUM LESERSERVICE
GRÄFE UND UNZER VERLAG
Grillparzerstraße 12
81675 München
www.gu.de

Impressum

© 2024 GRÄFE UND UNZER VERLAG GmbH, Postfach 860366, 81630 München

GU ist eine eingetragene Marke der GRÄFE UND UNZER VERLAG GmbH, www.gu.de

978-3-8338-9425-1
1. Auflage

Alle Rechte vorbehalten. Nachdruck, auch auszugsweise, sowie Verbreitung durch Film, Funk, Fernsehen und Internet, durch fotomechanische Wiedergabe, Tonträger und Datenverarbeitungssysteme jeglicher Art nur mit schriftlicher Genehmigung des Verlages.

Projektleitung: Julia Herko, Dr. Folko Kullmann
Lektorat: Rita Meixner
Umschlaggestaltung: kral & kral design, Dießen a. Ammersee
Herstellung: Gloria Schlayer
Layoutkonzeption und Layout: Anton Walter, Gundelfingen
Satz: Anton Walter, Gundelfingen
Repro: Longo AG, Bozen
Druck: Firmengruppe APPL, aprinta GmbH, Wemding
Bindung: Conzella, Pfarrkirchen
Printed in Germany

Wichtiger Hinweis:
Die Gedanken, Methoden und Anregungen in diesem Buch stellen die Meinung bzw. Erfahrung der Verfasserin dar. Sie wurden von ihr nach bestem Wissen erstellt und mit größtmöglicher Sorgfalt geprüft. Jede Leserin, jeder Leser ist für das eigene Tun und Lassen jedoch weiterhin selbst verantwortlich. Weder Autorin noch Verlag können für eventuelle Nachteile oder Schäden, die aus den im Buch gegebenen praktischen Hinweisen resultieren, eine Haftung übernehmen.

Bildnachweis:
Alle Bilder von Katrin Lugerbauer
Grafiken Seite 30: Gisela Rüger

Syndication:
www.seasons.agency

Die GU-Homepage finden Sie unter www.gu.de

Umwelthinweis:
Nachhaltigkeit ist uns sehr wichtig. Der Rohstoff Papier ist in der Buchproduktion hierfür von entscheidender Bedeutung. Daher ist dieses Buch auf PEFC-zertifiziertem Papier gedruckt. PEFC garantiert, dass ökologische, soziale und ökonomische Aspekte in der Verarbeitungskette unabhängig überwacht werden und lückenlos nachvollziehbar sind.

GRÄFE UND UNZER
Ein Unternehmen der
GANSKE VERLAGSGRUPPE